現代中国語方向補語の研究

A Study of Directional Complements in Modern Chinese

丸尾 誠 著

白帝社

まえがき

　本書は現代中国語の各種方向補語の用法について、主に発話者の認識との関連において考察したものである。豊富な用例を用いて、実証的に検証することを心掛けた。

　著者（丸尾）は従来より一貫して、中国語における移動・空間に関わるテーマに関心を抱いてきた。現在の職場（名古屋大学）に奉職してからは、中国語母語話者が表現対象をどのように捉えているのか（発話者との関連における意味付け・価値付け）、その思考の反映としての言語表現という認知的な視点をも考慮に入れた「文中で中心的役割を果たす『動詞』の有する文法カテゴリーの分析・記述」という角度から、とりわけ発話者の認識が容易に反映されやすい中国語の移動動詞の研究に取り組んできた。その成果として、2005 年には『現代中国語の空間移動表現に関する研究』（白帝社）を出版した。その後は、移動動詞の下位区分である複数の方向動詞から成る「方向補語」を研究対象に、1 つの補語から派生する個々の用法を掘り下げて分析しつつ、各補語の有機的な横のつながりも念頭に置いた、中国語の方向補語の整合的な体系の構築を志すようになった。

　方向補語の範囲については、各研究者により差が見られる。本書で扱ったのは "上、下、进、出、回、过、起、开"（およびそれらと "来/去" との組み合わせ）であるが、この中ではとりわけ "开" を含むか否かが議論の分かれるところである[1]。本動詞 "开" 自体がほかの方向動詞とは異なり、第一義的に移動義を表すものではなく[2]、また補語として用

---

1) 「朱徳熙 1982.《语法讲义》,商务印书馆（1997）:128 頁」では "开、开来" は方向補語と見なされているものの、"开去" は北京語にはないとして除外されている。「陆俭明 2002.〈动词后趋向补语和宾语的位置问题〉,《世界汉语教学》第 1 期：6 頁」でも同様に "开、开来" は方向補語と見なされ、"开去" は除外されている。
2) 限定的ではあるものの、「（部隊が）出動する」という意味で、"开" は移動義を表すことができる。

いられた場合には結果義寄りに捉えられるものの、統語的に"来／去"と結び付く用法が存在する点を重視して、本書では"开"類も含めて考察対象とした。

　方向補語の用法については初級文法でも扱われる最も基本的かつ重要な事項の1つであるものの、日本人学習者が実際に使いこなすのは容易ではない。それはこの用法に対する本質的な理解には、中国人の空間認知の仕方に加えて、中国人的な発想・事態把握といった概念まで含めて理解する必要があることに起因する。例えば、同じく「開始義」を表す用法と言っても、補語"起来"と"上"や"开"を用いて表される状況は異なるのである。また、"买上别墅"および"买下别墅"というフレーズはともに「別荘を買う」という意味ではあるものの、補語"上""下"が用いられる動機づけは異なるのである。方向補語の難しさの最たるものは、やはり多岐にわたる派生義（抽象義）の修得にあると言えよう。実際の生きた中国語に接していると、既存の辞書や文法書などの記述では対応できない方向補語の用法に出くわすことが少なくない。本書における各種テーマの設定の根底には、そうした用法を解明したいという強い思いがあった。

　一方で、考察を進めるにあたっては、本研究成果を中国語教育にフィードバックしたいという思いも併せ持っていた。中国人的な発想法に対する、より本格的な理解を促進すべく、各章のところどころで教学上の問題に言及した所以である。

　本書の刊行には、独立行政法人日本学術振興会平成26年度科学研究費補助金（研究成果公開促進費）の交付を受けた。出版に際しては白帝社編集部の岸本詩子さんにとりわけお世話になった。ここに特に記して感謝の意を表したい。

2014年9月

丸尾　誠

目　次

まえがき ……………………………………………………………… i

第1章　「開始」を表す動補構造"V上"について
………………………………………………………… 1
- 1.1.　はじめに ……………………………………………………… 1
- 1.2.　動作の始まり・事態の始まり ……………………………… 3
- 1.3.　"V上"の表す開始義 ………………………………………… 6
- 1.4.　付着義と開始義の接点 ……………………………………… 8
- 1.5.　事態の移行の意味を支える要素 …………………………… 11
- 1.6.　おわりに ……………………………………………………… 15

第2章　方向補語"下(来／去)"の派生的用法について　―「量」の概念との関連から― ………… 19
- 2.1.　はじめに ……………………………………………………… 19
- 2.2.　"下来""下去"の表す継続義 ………………………………… 22
  - 2.2.1.　"下来"の完了までの過程を表す用法 ………………… 22
  - 2.2.2.　発話時以降の継続を表す"V下来" …………………… 28
- 2.3.　"下"の表す収容義 …………………………………………… 31
  - 2.3.1.　収容という概念 ………………………………………… 31
  - 2.3.2.　調理方法を表す動詞を用いた場合 …………………… 33
  - 2.3.3.　"吃不下"について ……………………………………… 35
- 2.4.　おわりに ……………………………………………………… 37

第3章　動補構造"V进(来／去)"について ………… 39
- 3.1.　はじめに ……………………………………………………… 39
- 3.2.　主体の移動 …………………………………………………… 41

3.3. 受け手の移動 …………………………………… 42
3.4. "来／去"について …………………………… 48
    3.4.1. "V 进来"に見られる制約 ……………… 49
    3.4.2. "V 进去"の表す意味 …………………… 52
3.5. おわりに …………………………………………… 55

第4章　動補構造"出(来／去)"について …… 57

4.1. はじめに …………………………………………… 57
4.2. "出"の表す方向義 ……………………………… 57
4.3. "出(来)"の表す結果義 ………………………… 59
4.4. "买出"の解釈をめぐって ……………………… 66
    4.4.1. "V 出"の表す方向性 …………………… 66
    4.4.2. 選抜義 …………………………………… 69
    4.4.3. "V 出"の使用に伴うニュアンス ……… 70
    4.4.4. 方向義と結果義 ………………………… 71
4.5. "V 出去" …………………………………………… 72
4.6. おわりに …………………………………………… 74

第5章　「他動詞＋"回(来／去)"」の形に反映された方向義　―「取り戻す」「押し返す」意味を中心に― …………………………………… 75

5.1. はじめに …………………………………………… 75
5.2. 元の場所に戻す場合 …………………………… 76
    5.2.1. 着点が動作主体以外のとき …………… 76
    5.2.2. 着点が動作主体自身のとき …………… 77
    5.2.3. 「取り消し」を表す場合 ………………… 78
5.3. 外に押し返す場合 ……………………………… 79
5.4. 内に押し返す場合 ……………………………… 80
5.5. おわりに …………………………………………… 85

第6章　動補構造 "V回(来／去)" について ……………… 87
- 6.1.　はじめに ……………………………………………………… 87
- 6.2　「戻る」ということ …………………………………………… 88
- 6.3.　"V回(来／去)" の形を用いて表される移動 ………………… 89
  - 6.3.1.　移動するものが「元の位置に戻る」ケース ………… 89
  - 6.3.2.　移動するものが「元の位置に戻るわけではない」
       ケース ……………………………………………………… 91
    - 6.3.2.1.　「等価物の移動」を表すケース ………………… 91
    - 6.3.2.2.　2つのタイプ ……………………………………… 93
- 6.4.　用例分析 ……………………………………………………… 96
  - 6.4.1.　①のタイプ（Oの移動） ……………………………… 96
  - 6.4.2.　②のタイプ（S＋Oの移動） ………………………… 97
    - 6.4.2.1.　獲得義 ……………………………………………… 98
    - 6.4.2.2.　分離義 ……………………………………………… 99
    - 6.4.2.3.　様態義 ……………………………………………… 100
- 6.5.　おわりに ……………………………………………………… 102

第7章　"过" の表す移動義について ……………………………… 105
- 7.1.　はじめに ……………………………………………………… 105
- 7.2.　"过" の表す移動 ……………………………………………… 106
  - 7.2.1.　3つのタイプ …………………………………………… 106
  - 7.2.2.　（ⅰ）（ⅱ）のケース ………………………………… 108
- 7.3.　使役移動 ……………………………………………………… 110
  - 7.3.1.　（ⅲ）のケース ………………………………………… 110
  - 7.3.2.　位置変化に対する認識 ………………………………… 112
- 7.4.　"过来／过去" ………………………………………………… 114
  - 7.4.1.　"过" と "来／去" ……………………………………… 114
  - 7.4.2.　"过来／过去" と着点 ………………………………… 116
- 7.5.　おわりに ……………………………………………………… 122

第8章　中国語における「開始義」について
―方向補語"起来"の用法を中心に― ……………… 125

- 8.1.　はじめに ……………………………………………………… 125
- 8.2.　開始に対する認識 …………………………………………… 126
  - 8.2.1.　新たな事態の発生 ……………………………………… 126
  - 8.2.2.　"開始～"と"～起来" ……………………………… 130
- 8.3.　反復・持続 …………………………………………………… 132
  - 8.3.1.　持続状態の形成 ………………………………………… 132
  - 8.3.2.　程度の進行 ……………………………………………… 134
- 8.4.　評価・見積もりを表す用法 ………………………………… 135
- 8.5.　事態の意外性 ………………………………………………… 138
- 8.6.　おわりに ……………………………………………………… 141

第9章　方向補語"起来"について …………………… 143

- 9.1.　はじめに ……………………………………………………… 143
- 9.2.　方向義と状態義のリンク …………………………………… 145
- 9.3.　開始義について ……………………………………………… 148
  - 9.3.1.　開始義と完成義 ………………………………………… 148
  - 9.3.2.　持続義 …………………………………………………… 151
- 9.4.　「形成」という概念 ………………………………………… 154
  - 9.4.1.　"起来"の表す意味 …………………………………… 154
  - 9.4.2.　「形成」のバリエーション …………………………… 156
- 9.5.　おわりに ……………………………………………………… 159

第10章　動補構造"开(来／去)"について ………… 161

- 10.1.　はじめに …………………………………………………… 161
- 10.2.　移動動詞の体系から見て ………………………………… 162
- 10.3.　"V 开" ……………………………………………………… 164
  - 10.3.1.　結果義寄りに捉えられる場合 ……………………… 164

10.3.2. 移動義が認められる場合	166
10.3.2.1. 主体の移動	167
10.3.2.2. 除去義	168
10.4. "V开来/V开去"	170
10.4.1. "V开来"	170
10.4.2. "V开去"	171
10.5. 「広がる」意味	174
10.6. 開始義	177
10.7. おわりに	179

第11章　中国語の方向補語について
―日本人学習者にとって分かりにくい点― …… 181

11.1. はじめに	181
11.2. 問題の所在	181
11.2.1. 派生義	181
11.2.2. 日本語と中国語の移動表現に関する相違点	184
11.2.3. 日本語訳に現れない"来/去"	186
11.2.4. 統語的制約	188
11.2.5. 使役化	190
11.2.6. 認識に関わる用法	192
11.2.7. 目的語の位置	194
11.3. おわりに	195

用例出典	197
主要参考文献	199
初出一覧	206

［凡　例］

1. 本書では「＊」はその表現が不成立であることを表すこととする。また、「？」はその表現が不自然であることを、「？？」はさらに容認度が劣ることを示すものである。
2. 各用例において、当該語句の置き換えの可否をそれぞれ「（→ ○○）」「（→ ＊○○）」のように示した。置き換えが不自然となる「（→ ？○○）」と「（→ ？？○○）」の差異については、上記 1 に基づくものとする。
3. 各用例の後に示した出典に付した数字は引用頁数である。
4. 用例の出典として示した URL は本書の刊行にあたって改めてチェックしたものであり、各章の元となった論文（巻末の初出一覧参照）に記載されているものとは必ずしも一致しない。また、URL は今後変更される可能性もある。

現代中国語方向補語の研究

第 1 章

「開始」を表す動補構造 "V 上" について

1.1. はじめに

　中国語の方向補語 "上" については "关上窗户［窓を閉める］、贴上邮票［切手を貼る］" や "考上大学"［大学に受かる］などに見られるように、「付着義」「目的の達成義」がその主な派生義として挙げられる。また、これらとは別に、中国語教育の現場では（あるいは学習参考書の記述も含めて）あまり取り上げられることはないものの、"表示开始并继续"（《现代汉语词典》第 6 版（2012 年）: 1137）［開始および継続を表す］[1]という意味を、多くの辞書・専門書の類が独立した項目として挙げている。以下のものは、それぞれ異なる出典における該当箇所からの例である（下線は引用者）。

(1) 外边飘上雪花了（《现代汉语八百词》(増订本) 475）
　　［外では雪が舞いはじめた］

(2) 老朋友一见面就聊上了。（《实用对外汉语教学语法》377）
　　［古くからの友人が顔を合わせると、おしゃべりをはじめた。］

(3) 他一进办公室就忙上了。（《汉语教与学词典》921）

---

1) 通常、「付着と離脱」という対立の構図で捉えられる補語 "上、下" が使われた "穿上－脱下" および "贴上－揭下" のような組み合わせから外れる "脱上" や "揭上" などの形が成立するのは、この開始義としての用法においてである。
　　a. 刚走了一会儿他就热得脱上衣服了（《汉语动词用法词典》392）
　　　　［しばらく歩いたかと思うと、彼は暑くて服を脱ぎだした］
　　b. 你没事干了，怎么揭上墙上的广告了（《汉语动词用法词典》203）
　　　　［君はやることがなくなると、どうして壁の広告をはがしたりするんだ？］

　　　　［彼は事務所に入ると、すぐに忙しくしはじめた。］
　(4) 你不是在上学吗，怎么做上生意了？
　　　　　　　　　　　　　（《实用现代汉语语法》(増订本) 551)
　　　　［君は学校に通っていたんじゃないの？　どうして商売なんてはじめたの？］

「継続」というのは通常、終結を取り立てて示さない限り、「開始」の後にそのまま続くものとして含意されうる意味であるが[2]、次のように"已经"や"早就"が用いられた場合には、開始よりも継続の段階の方が前景化されることになる。

　(5) 妈妈已经淘上米了，你就等着吃饭吧
　　　　　　　　　　　　　　　　（《汉语动词用法词典》360)
　　　　［お母さんはもうお米を研いでいるから、ご飯まで待っていてね］
　(6) 农村早就使上拖拉机了（《中国语补语例解》416)
　　　　［農村ではとっくにトラクターを使うようになっている］

　日本人学習者が「～しはじめる」という日本語を中国語の方向補語を用いて表現するときに通常思いつくのは"起(来)"であり、両者はしばしば同義を表すものとして扱われる。

　(7) 唱起歌子了　—　唱上歌子了（徐静茜 1981：11 改 [3])
　　　　［歌を歌いはじめた　—　同左］
　(8) 林杨在外面喊上了　—　林杨在外面喊了起来
　　　　　　　　　　　　（邱广君 1995：26 改　体裁は引用者）
　　　　［林楊が外で叫びはじめた　—　同左］
　(9) 你怎么喝起酒来了？　—　你怎么喝上酒了？
　　　　［君はどうして酒を飲みはじめたんだ？　—　同左］

---

2) 日本語の瞬間動詞「出る」を用いた「芽が出はじめた」のような表現でも、その後の芽が生長していく過程（継続段階）を表すことができる。
3) 例(7)(8) は、原文では"唱起歌子""喊起来"となっているが、表現が言い切りにならないため、ここではそれぞれ"了"を加えた形で提示した。なお、例(7)のそれ以外の体裁は、原文のままである。

しかしながら、実際には単なる置き換えでは"V 上"（V は動詞。「形容詞＋"上"」の場合もこの"V 上"で代用する）の形が不自然あるいは不成立となるケースが少なくない。

　（10）下起雨来了。　——　？下上雨了。
　　　　［雨が降りだした。］
　（11）孕妇的肚子大起来了。　——　＊孕妇的肚子大上了。
　　　　［妊婦のおなかが大きくなってきた。］

こうした事象と、陆庆和・黄兴主编 2009 に見られる"'上'只能用于少数形容词之后，表示状态的开始并继续"（145 頁。傍点は引用者）［"上"はほんの一部の形容詞の後に用いて、状態の開始と継続を表す］という記述、および刘月华主编 1998 に見られる"'上'可以结合的动词和形容词比'起来'少。出现的频率也低得多"（105 頁）［"上"が結び付く動詞と形容詞は、"起来"の場合と比べて少ない。現れる頻度もずっと低い］という語彙的制限に関する指摘などをあわせて考えてみると、開始義を表す補語"上"は"起来"と比較して有標的（marked）な表現であると言える。

　そもそも、同じく上向きの移動を表すものの、"起"は起点指向（例：起床）であることが開始義を表す動機づけとなっているのに対して、"上"については、多く言及される「付着」「目的の達成」といった意味は着点指向（例：上楼、上台、上房顶）に基づくものであり、これは開始義とは相反するものであるように感じられる。

　本章では、"上"の有するこうした語義特徴をもとに、"V 上"の表す開始義について考察する。

1.2.　動作の始まり・事態の始まり

　本章で考察の対象とする"上"以外の開始を表すバリエーションとして、"开始…"、補語の"起(来)"や"开"[4]、および変化・新たな事態

4）補語"开"の表す開始義については、本書第 10 章の **10.6.** を参照のこと。

の出現に対する確認を表す文末の語気助詞"了"(いわゆる"了₂")などが挙げられる。補語"起来"と"上"の相違点として、先行研究に次のような記述が見られる。

> ……"起来"强调的重点往往在开始,常与"开始"一起用;"上"的重点在已经开始并继续,常与"已经"一起用。
>
> (陆庆和・黄兴主编 2009:146)
>
> ["起来"が強調するポイントは往々にして開始にあり、いつも"开始"とともに使われる。"上"のポイントは既にはじまって継続していることにあり、いつも"已经"とともに使われる。]

> "・起"和"・上"虽然都可以表示动作开始并持续,但"・起"强调的是动作开始,"・上"却不作这样的强调。试比较:
> 抽起了纸烟 ― 抽上了纸烟
>
> (徐静茜 1981:14)
>
> ["・起"と"・上"はどちらも動作の開始・継続を表すことができるものの、"・起"が強調するのは動作の開始であり、"・上"はそのような強調をするものではない。比較してみる:
> 紙巻きタバコを吸いはじめた ― 同左]

どちらもどこが強調されるのかという母語話者の語感に基づく指摘であるが故に、外国人学習者にとっては実感しにくい側面があることは否めないものの、統語的には次のような差異が見られる。

(12) a. 电暖气渐渐热起来了。
　　　　[電気ストーブが次第に熱くなってきた。]
　　 b. *电暖气渐渐热上了。
(13) a. 他的身体状况逐渐好起来了。
　　　　[彼の体調はだんだん良くなってきた。]
　　 b. *他的身体状况逐渐好上了。

ここでは副詞"渐渐"や"逐渐"があることにより変化の連続的な過程（ここでは程度の進行）が表されており、後に詳述するように、ある局面への移行を表す着点指向的な"上"では不成立となる。補語"起来"は一般に"表示动作或情况开始并且继续"（《现代汉语词典》第6版（2012年）：1024）［動作あるいは状況の開始ならびに継続を表す］とされるが、この「継続」の部分は、組み合わせて用いられる持続動詞（例：笑、哭、唱……）や形容詞の有する状態性という性格に基づく。非持続動詞と組み合わさった場合には事態の発生が表されることになる。

　　（14）指南针怎么指起东来了（《汉语动词用法词典》466）
　　　　［コンパスがどうして東を指すんだ？］
　　（15）一上冰场就跌起跤来（《汉语动词用法词典》102）
　　　　［スケートリンクに出るや否や転んでしまった］
　　（16）一毕业就怀起孕来（《HSK词语用法详解》232）
　　　　［卒業後すぐに妊娠した］

こうした「動作の開始」の描写ではなく「事態の発生」という読みは、次のような"上"を用いた例についても当てはまる。

　　（17）我妹妹也集上邮了（《HSK词语用法详解》248）
　　　　［私の妹も切手を集めはじめた］
　　（18）他们家也雇上人了（《汉语动词用法词典》152）
　　　　［彼らの家でも人を雇うようになった］
　　（19）最近又雕刻上佛像了（《HSK词语用法详解》127）
　　　　［最近また仏像を彫りはじめた］
　　（20）她在饭馆端上盘子了（《汉语动词用法词典》112）
　　　　［彼女はレストランで皿を運びはじめた］
　　（21）他翻译上外文小说了（《汉语动词用法词典》126）
　　　　［彼は外国語の小説を訳しはじめた］

これらは眼前で展開される具体的な動作ではない。例えば例（20）（21）では、そのような職業に従事するようになったという意味を表しうる。

1.3. "V 上" の表す開始義

「付着」や「目的の達成」を表す"上"の用法の例としてしばしば挙げられる"关上"や"背 bèi 上"のようなフレーズについても、状況により、「開始義および継続義」を表すことは可能である[5]。ここでは例(22b) と (23b) が、これに該当する。

(22) a. 外面风大，请把门关上
　　　　　［外は風が強いので、ドアを閉めてください］
　　 b. 刚几点呀，就关上门了
　　　　　［まだ何時だと思ってるんだ！ もうドアが閉まっている］
　　　　　　　　　　　　（例 (22) は《汉语动词用法词典》156）

(23) a. 每天背上两首诗
　　　　　［毎日詩を2つ暗唱する］
　　 b. 早晨一起床就背上英语了
　　　　　［朝起きると、すぐに英語の暗記をはじめる］
　　　　　　　　　　　　（例 (23) は《汉语动词用法词典》19）

《汉语动词用法词典》では、例 (22b) (23b) の"上"を"进入某种状态"（同書"说明书"14 頁）［ある状態に入る］として[6]、例 (22a) および (23a) における"上"のそれぞれが表す意味とは区別している。

前節で述べたように、"V 上"の表す開始義には、日本語で考えると次のような意味の区分が見られる。

(24) 抽上烟了
　　　　　［タバコを吸いはじめた／吸うようになった］

---

5) 李永 2010 では、「完成義」（これは本章で言う「目的の達成義」を含む）および「開始義」の両義を表す"V 上 N 了"フレーズ（N は名詞）を取り上げ、その統語的特徴の各種差異が論じられている。

6) "V 上"の各種用法のうち"进入某种状态"の意味を表す用例については、《汉语动词用法词典》では「△」印で示されている（同書"说明书"14 頁）。(22b) (23b) の各例は、本章で言う開始義に相当するものである。

前者は「眼前における具体的な動作」を、後者は「以前との対比による事態の移行」を表す。

また、補語"上"が単に「開始および継続」を表すとしている記述が多く見られる中で、陆庆和 2006 には"有时可以表示曾经发生的动作中断了之后的继续"（377 頁）［時として、以前発生した動作が中断した後の継続を表すことができる］という記述とともに、次のような例が挙げられている。

(25) 你不是戒烟了吗？怎么又抽上了？
　　　［君は禁煙したんじゃなかったのか？ なんでまた吸いはじめたんだ？］
(26) 在火车上牌还没打够，到了旅馆，他们又打上了。
　　　［列車ではまだトランプをやりたりなくて、旅館に着くと、彼らはまたやりはじめた。］

（例 (25) (26) は陆庆和 2006：377）

この「中断した動作の再開」という解釈は、一連の行為の発生を一まとまりとして捉えた見方に基づくものであり、その場合でも"上"自体はあくまで開始義として捉えることができるものの、本章で著者（丸尾）が用例収集の際に主に使用した《汉语动词用法词典》や《HSK 词语用法详解》などにおいて、当該の意味を表す用例が"又…了"の形で非常に多く用いられていたのも、また事実である。以下に、その一部を記す。

(27) 他们俩又辩论上了（《汉语动词用法词典》25)
　　　［彼ら 2 人はまた議論をはじめた］
(28) 又刮上大风了（《汉语动词用法词典》153)
　　　［強い風がまた吹きはじめた］
(29) 他俩又比赛上了（《HSK 词语用法详解》29)
　　　［彼ら 2 人はまた試合をはじめた］
(30) 夫妻俩又吵上架了（《HSK 词语用法详解》66)
　　　［夫婦 2 人がまた口げんかをはじめた］

これらは「①（動作・事態の）発生 → ②終結（これは全過程から見る

と『中断』に相当）→ ③再発生」という一連の流れの中の③の段階に言及したものであり、発話の背景には局面の推移が感じられる。すなわち、ここでは②から③の段階への移り変わりを③の段階への到達と捉えて、これを「（新たな段階の）始まり」と解釈するのである。藤田1993にも"她又裁上衣服了。"という例について「（前略）はさみを入れた瞬間が"裁上了"なのである。ある動作行為を始める所までの準備が終わり、新しい事態に到達したということもできる。『開始体』というのは，一面，『完成』ということもできる」（51頁）という記述が見られ、同様の見方が示されている。そして次の各例の日本語訳からも、実現と開始の概念がオーバーラップして捉えられていることが分かる。

(31) 这颗牙也活动上了（《HSK 词语用法详解》241）
　　　［この歯もぐらぐらするようになった／ぐらぐらしはじめた］
(32) 这两个年轻人又见上面了（《HSK 词语用法详解》265）
　　　［この２人の若者はまた会うようになった／会いだした］
(33) "好！"虎妞的嘴唇哆嗦上了，……（《骆驼祥子》148）
　　　［「分かったわ！」虎妞の唇が震えた／震えだした］

1.4. 付着義と開始義の接点

　辞書・文法書類における各種方向補語の表す意味区分については、それぞれの大枠では一致しているものの、中には同様の例を用いていても、解釈が異なるケースも見られる[7]。次の２冊の記述では、"爱上"の"上"に対する解釈が異なっている（体裁はどちらも引用者による）。

---

7) "穿上衣服"の"上"を小学館の『中日辞典』第２版（2003年）は「付着義」（1280頁）に、講談社の『中日辞典』第３版（2010年）は（本章で言う）「目的の達成義」（1396頁）に区分している。また"登上山頂（／长城）"類に見られる"上"は通常「方向義」に区分されているものの、"登"自体が「方向義」を含意するものだと考えた場合、"上"は「達成義」を表しているとも解釈できる。こうした解釈の揺れは、他の方向補語の用法にも見られる。

表示开始并继续：爱上了农村
(《现代汉语词典》第 6 版（2012 年）：1137)
［開始および継続を表す：農村が好きになった］

表示动作有结果，有时兼有合拢的意思。
　　他爱上了农村[8]
(《现代汉语八百词》（1980 年版）：419)
［動作の結果を表す。時として、合わせるという意味も有する。
　　彼は農村が好きになった］

　また、荒川 2003：80 − 81 ではいわゆる開始義と付着義の両者が関連付けられて、"爱上"［愛するようになった］の表す「状態の始まり」という意味が、「付着」義が抽象化したものとして捉えられている。
　以下、先にも述べた動詞"上"の有する着点指向という観点から、付着と開始の意味のリンクについて見ていく。

①付着
　"上"の表す代表的な派生義である「付着」の意味（例：穿上衣服、锁上门、闭上嘴、贴上邮票、涂上颜色）は、到達義に基づく「物理的な接触」である。これを元に、以下のような抽象的な用法へと広がっていく。

②影響が及ぶ
　次の例では"V 上"の形を用いて、行為の影響が対象に及ぶことが表されている。
　　(34) 这回又罚上他了 (《汉语动词用法词典》124)
　　　　［今回また彼を処罰した］

---

8)《现代汉语八百词》の増補改訂版（1999 年）では、同意味区分（説明の文言は 1980 年版と同じ）から、この"他爱上了农村"の例は削除されている（474 頁）。

(35) 这事怎么怪上我了（《汉语动词用法词典》156）
　　　［このことで、どうして私を責めるのか？］
(36) 算上他和你，也不过六个人（《中国语补语例解》435）
　　　［彼と君を含めても、6人にすぎない］
(37) 警察早就怀疑上他了。(《实用对外汉语教学语法》377)
　　　［警察はとっくに彼を疑っている。］
(38) 你是不是恨上我了（《汉语动词用法词典》166）
　　　［君は私を恨んでいるのか？］

ここで言う影響とは「抽象的な接触」であり、例(37)(38)では目的語に対する心理的な働きかけを表す動詞が用いられている。心理的な働きかけという意味で、上述の"爱上"もこの②の区分に属すると言える。

③ "上" + 数量表現

次の例では"V上"の後に数量表現が用いられて、量的な到達が表されている。

(39) 哭上两天两夜（《中国语补语例解》288）
　　　［2日間泣き明かす］
(40) 再晴上一两天也好啊（《汉语动词用法词典》302）
　　　［あと1、2日晴れてくれればいいのにな］
(41) 不下雨就会热上好几天（《HSK词语用法详解》431）
　　　［雨が降らないと何日も暑くなる］

ここでは当該の動作・状態が終結に至るまでの、すなわち到達点に達するまでの期間が数値で示されている。

以上、①〜③の用法からは"上"の表す「到達義」というものが比較的明確に見出せる。

④ 開始義

次のような開始を表すとされるものについても、本章では「ある状態

への到達」と捉えることにより、上記①～③と同系列のものと考える。

(42) 小两口儿又嚷上了（《汉语动词用法词典》308）
　　　［若夫婦がまたけんかをはじめた］
(43) 这孩子一回家就看上书了（《汉语动词用法词典》220）
　　　［この子は家に帰るや本を読みはじめた］
(44) 他们又赌博上了（《HSK 词语用法详解》138）
　　　［彼らはまた賭博をはじめた］

ここでは、そのような段階に至ったという変化が表されている。刘月华主编1998 では "'上'用在动词后表示进入一种新的状态, 即表示新动作或状态的开始"（104 頁）[「上」は動詞の後に用いられて新たな状態に入ること、すなわち新たな動作や状態の開始を表す] と述べられている。実現と開始の重なりについては、例（31）～（33）を扱った箇所でも言及した。次節では、この開始義およびそれを支える要素について考察する。

1.5. 事態の移行の意味を支える要素

「開始義」を表す "V 上" 形式が変化・新たな事態の発生を認識するマーカーである "了$_2$" と共起する点については、刘月华等1983 や李永2010 などにおいても言及が見られ[9]、次のような例でも文末の "了" が統語的に必要となる。

(45) 他们打上桥牌了（《汉语动词用法词典》80）
　　　［彼らはブリッジをやりはじめた］
(46) 那两只鸡斗上了（《HSK 词语用法详解》136）

---

9) 刘月华等1983 では "如果动词后没有宾语或宾语只有一个音节, 一般要在句末用'了$_2$', ……"（341 頁）[もし動詞の後に目的語がないか、あるいは目的語が1音節でしかない場合、文末には一般に "了$_2$" を用いる必要がある]、また、李永2010 では "表进行义（开始义を含む：引用者注）时, 'V 上 N 了'的'了'不能被删除"（95 頁）[進行義を表すとき、"V 上 N 了" の "了" は削除することができない] と述べられている。なお、刘月华等1983 の増補改訂版である刘月华等2001 には、同様の記述は見られない。

　　　　［あの２羽のニワトリが戦いはじめた］
　上記において"V上"の形を用いて表される開始、事態の発生について言及したが、この"上"は単純に"起来"のもつ機能を代用しうるものではなく、また必ずしも"了$_2$"との共起のみで文が成立するようになるというものでもない。

(47) a.　天色亮起来了。
　　　　　　［空が明るくなってきた。］
　　 b.　＊天色亮上了。
　　 c.　天色亮了。
　　　　　　［空が明るくなった。］
(48) a.　天气暖和起来了。
　　　　　　［気候が暖かくなってきた。］
　　 b.　＊天气暖和上了。
　　 c.　天气暖和了。
　　　　　　［気候が暖かくなった。］
(49) a.　他拼命工作，生活富裕起来了。
　　　　　　［彼は懸命に働いたので、生活が豊かになってきた。］
　　 b.　＊他拼命工作，生活富裕上了。
　　 c.　他拼命工作，生活富裕了。
　　　　　　［彼は懸命に働いたので、生活が豊かになった。］

先の例（12）（13）で見たように、"V上"の表す到達義に基づく局面の移行というのはそこに至るまでの過程（漸次的な変化）とは相容れないものであり、このことが例（47）～（49）に見られる持続的な状態を表す形容詞と"上"の組み合わせが不成立となる主な要因だと考えられる。一方、先に見た例（10）についても"上"と"了"の組み合わせのみでは不自然であったものの、これはいわば突発的な変化（降っていない状態から降っている状態への「事態のまるごとの移行」）であり、この場合には次のように"怎么"や"又"などを用いることにより、問題なく成立するようになる。

(50) ？下上雨了。(例 (10) の再掲)
　　　→ 怎么又下上雨了啊？
　　　　　[なんでまた雨が降りだしたんだ？]

"V 上"の使用に際しては、往々にしてその開始義を支える事態の移行の意味を表す要素である"就、又、怎么……"などの語が共起することになる。以下、それぞれの語が用いられたケースについて言及する。

Ⅰ．…就〜

(51) 吃完饭就忙上了（《现代汉语规范词典》1147）
　　　[ご飯を食べ終わると、忙しくしはじめた]

(52) 还没坐好就叫上菜了（《HSK 词语用法详解》277）
　　　[まだきちんと座らないうちに、料理を注文しはじめた]

(53) 天还没亮呢，鸡就叫上了（《汉语动词用法词典》198）
　　　[空がまだ明るくならないうちに、ニワトリが鳴きだした]

これらの例からは、"V 完…"や"还没 V…"といった語句が共起していることもあり、事態の移行・発生の意味が明確に読み取れる。この"就"が用いられたケースには、次の a、b のような「…するとすぐ〜」という連続した動作および事態の発生を表す形式が多く見られる。

a．一…就〜

(54) 一到山下就采上标本了（《HSK 词语用法详解》51）
　　　[山のふもとに着くと、すぐに標本を採集しはじめた]

(55) 一上台就唱上了（《汉语动词用法词典》42）
　　　[台に登ると、すぐに歌いはじめた]

(56) 一上班就打上电话了（《汉语动词用法词典》78）
　　　[出勤すると、すぐに電話をかけはじめた]

(57) 他一起床就拉上小提琴了（《汉语动词用法词典》231）
　　　[彼は起きると、すぐにバイオリンを弾きはじめた]

(58) 外边坦克一开，窗户就震动上了（《汉语动词用法词典》461）

［外で戦車が動くと、窓が震えた］

b. 刚…就～
(59) 刚到霜降就降上温了（《中国语补语例解》250）
［霜降の時期になると、すぐに気温が下がりはじめた］
(60) 他刚来两个月就驾驶上新车了（《汉语动词用法词典》185）
［彼は来て2ヶ月で、もう新車の運転をするようになった］

Ⅱ. 又
(61) 昨晚他又咳嗽上了（《汉语动词用法词典》224）
［昨夜、彼はまた咳き込みはじめた］
(62) 想着想着又后悔上了（《汉语动词用法词典》167）
［ずっと考えているうちに、また後悔しはじめた］

これは上記例(27)～(30)ほかでも言及した重複（再発生）を表すケースである。"又"の使用には、以前に同様の状況が存在していたということが前提となっており、このことが「局面の推移」を想起させることになる。また次の例(63)における"上"の用法は上記**1.4.**の「②影響が及ぶ」の区分にも該当する（心理的な働きかけという意味で、「嫉妬している」という状態を表す）ものの、著者（丸尾）の調べた範囲では、この"又…了"の形が用いられていることを根拠に、開始義としての意味を有力視するインフォーマントが優勢であった。

(63) 她又嫉妒上妹妹了（《HSK词语用法详解》249）
［彼女がまた妹に嫉妬しはじめた（＞嫉妬している）］

Ⅲ. 怎么、没想到
事態の発生を表す"V上"については例(17)～(21)で見たが、驚きを表す"怎么、没想到"などの要素は、事態の発生に対する認知[10]につながる。

(64) 他俩挺好的，怎么离上婚了（《汉语动词用法词典》235）

　　　　［彼ら2人はとても仲がいいのに、どうして離婚なんてするんだ？］
(65) 你怎么跟这种男人交际上了？（《HSK 词语用法详解》272）
　　　　［君はなんでこんな男と付き合いはじめたの？］
(66) "你怎么干上了这个？真不嫌丢人！"（《赤橙黄绿青蓝紫》335）
　　　　［「なんでこんなことはじめたの？ 本当にみっともない！」］
(67) 没想到他也逃上学了（《汉语动词用法词典》359）
　　　　［彼まで授業をさぼるなんて思いもしなかった］

先の例（50）"怎么又下上雨了啊？"では、このⅢと先のⅡの要素が同時に用いられている。例（10）で不自然とされた"？下上雨了。"に関連して、次のような表現を自然なものとして認めるインフォーマントは少なくない。

(68) 哎呀，下上雨了！
　　　　［あれ、雨が降りだした！］

これはまさに"哎呀"という発見に伴う驚きの語気に支えられたものである。

1.6. おわりに

　方向補語"起来""上"ともに開始義を表すとされるものの、"起来"が起点指向に基づく離脱義という観点から動作の始まり・事態の発生について述べているのに対し、"上"は到達義に基づいて、動作の実現・（そういう状態に入るという）ある局面への移行について言及するもの

---

10) 各種モーダルな要素が補語"起来"と共起している状況については、本書第8章の **8.5.** における考察を参照されたし。以下、その具体例の一部である。
　① 没想到你为他们转起信件来了（《动词用法词典》934）
　　　［君が彼らのために手紙を渡してあげるなんて思いもしなかった］
　② 连这种人都留起学来了（《HSK 词语用法详解》345）
　　　［こんな人ですら留学するようになった］
　③ 王嫂怎么又生起第二胎来了（《动词用法词典》648）
　　　［王さんはどうしてまた2人目の子を産んだりしたんだろう？］

である。とりわけ、この「移行」という捉え方は、新たな事態の発生との関連で、"上"を用いた場合に統語的に"了₂"が必要となる動機づけと結び付く。そして **1.5.** で言及した「突発性」、「連続性」（Ⅰを参照）、「再発生」（Ⅱを参照）、「驚き」（Ⅲを参照）といった要素は、その事態発生以前の状況とのコントラストを際立たせる働きをするものである。

　最後に、李思旭・于輝栄 2012：68 でも開始義を表す一例として挙げられている余華の小説《活着》に見られる

　　（69）过了一会，我听到爹在那边像是吹唢呐般地哭上了。

という例について、それが実際に使われている一続きの場面において考えてみる。

　　（70）"家珍，我完蛋啦。"说完我就呜呜地哭了起来，……我听到爹在那边屋子里骂骂咧咧，……不一会我就听到爹在那边喊叫起来："孽子。"……我听到爹气冲冲地走来了，……我爹走到门口，身体一晃就摔到地上气昏过去了。……过了一会，我听到爹在那边像是吹唢呐般地哭上了。（《活着》246－247）
　　　［「家珍、私はもう終わりだ。」と言うと、私はううっと泣きはじめた…父が向こうの部屋でぶつくさ言っているのが聞こえた…しばらくすると、父が向こうで「親不孝者め。」と叫んでいるのが聞こえた。…父がかんかんになってやって来るのが聞こえた…父は入り口まで来ると、（怒りのあまり）体がぐらっとして地面に倒れて、そのまま卒倒してしまった。…しばらくすると、父が向こうでチャルメラを吹くように泣きはじめたのが聞こえた。］

ここでは作者がどのような意図で"哭了起来"と"哭上了"を使い分けたのかは推測の域を出ないものの、"哭上了"の使用の背景には、父親が「怒る → 卒倒する → 泣く」という局面の推移が存在しており[11]、ここでも"哭上了"を"哭起来了"と置き換えることはできるものの、両者の表す開始義はやはりニュアンスが違うように思われる。このこと

---

[11] 本章の **1.5.** で見た"上"とともに使われる"（一）…就～"や"又"を用いた形も、「一連の流れ」を想起させるものであった。

は、とりわけ中国語では意味を分析する際に、例（69）のような独立した一文としてではなく、前後の文脈を考慮する必要がある点が強調されることの有効性を支持する好例の１つだと言えよう。本章の元となる丸尾 2013 の校正中に目にした杉村 2012 では、奇しくもまさに例（70）における当該箇所の"哭上了"が、"哭起来了"とどう異なるのかという問題が扱われている。杉村 2012 では補語"上"は"不以为然、不值得肯定、不受欢迎"［そうとは思わない、肯定するに値しない、歓迎されない］といった"感情色彩"とリンクするものであるとする刘月华主编 1998：105 の主張を支持したうえで、ここでの"哭上了"の使用の動機づけを「父親の慟哭が息子にもたらした"心烦意乱"を伝えようとしている」（14 頁）ことによるものだとしている。ニュアンスの問題については統一した見解を得ることは容易ではないものの、先に見た例（68）なども語気に強く支えられた表現であり、話者の感情との関連から見ても非常に興味深い指摘だと思われる。"上"の表す「事態のまるごとの移行」がもたらすインパクトの強さが、意外性を生み出す動因となりうることは想像に難くない。本章では"上"の表す到達義と開始義の接点を探ることに主眼を置いたが、こうしたモダリティ的な観点からの考察も欠かすことはできない。

第2章

方向補語 "下（来／去）" の派生的用法について
―「量」の概念との関連から―

2.1. はじめに

　中国語の各種方向補語のいわゆる派生義の多寡には差が見られる。方向動詞の中で、空間認知（およびメタファー[1]）や移動事象の問題を考える際に中核となる"上"と"下"については補語として用いられた場合、派生義の広がりが他の方向補語と比べて顕著となっている。その両者には対称的な用法が存在する。

(1) a. 跳上車 [車に飛び乗る]
　　b. 跳下車 [車から飛び下りる]
(2) a. 穿上衣服 [服を着る]
　　b. 脱下衣服 [服を脱ぐ]
(3) a. 换上工作服 [作業着に着替える]
　　b. 换下工作服 [作業着を着替える]

例（1）の"上""下"が用いられたペアでは移動が垂直方向を軸として逆になっていることに加えて、目的語の"車"がそれぞれ着点、起点となっている。例（2）における"上""下"のそれぞれが表す「付着義」「離脱義」には、その着点指向・起点指向という性格が反映されている。例

[1) メタファーの例としては、方向動詞 "上、下" が「行く」の意味で使われた "上北京 [北京に行く]、下乡 [農村に行く]" などが挙げられる。こうした組み合わせの動機づけとしては、しばしば目的語に対する価値観（プラス評価は上、マイナス評価は下）の現れであるとされる。

(3) において、a、bともに動詞を同じくしながら、その表す意味が対称的となっているのも、補語の部分が表すこの着点指向・起点指向という性格に基づくものである。また、次の獲得義を表す例 (4) については、a、bともに「別荘を（買って）手に入れる」という意味が表されているものの、"上""下"のそれぞれが表す「動作の実現（目的の達成）」「残存」という概念が、そのように表現する動機づけとなっている。

  (4) a. 买上别墅［別荘を買う］
     b. 买下别墅［同上］

こうした同一の行為が異なる動機づけによって表される例は、他にも見られる。

  (5) a. 写上名字［名前を書く］
     b. 写下名字［同上］

例 (5a) は先に見た「付着」、(5b) は「残存」という観点から、どちらも「名前を書く」という意味を表すものである。

 一方で、"上""下"の非対称性（asymmetry）に着目した「文法化」という側面から両者が論じられることも少なくない。例えば

  (6) a. 关上［閉める］
     b. 打开［開ける］
  (7) a. 闭上眼睛［目を閉じる］
     b. 睁开眼睛［目を開ける］

この2組のペアでは、「開ける」は補語"下"ではなく、どちらも"开"を用いて表されている。

 本章では"下来／下去"および"下"の派生的用法の中から、"上"類には見られない「継続義」および「収容義」[2]を取り上げる。

  (8) 照这样斗下来两头牛都得受伤（《HSK 词语用法详解》136)
    ［このまま闘い続けたら、2頭の牛はきっとどちらも怪我をする］
  (9) 这么多菜一锅怎么能炒下？（《中国语补语例解》66)
    ［こんなにたくさんの野菜、鍋1つでどうやって炒めることができようか？］

例（8）では発話時以降の継続を表すのに、"V下来"（Vは動詞）の形が用いられている（"斗下去"としても可）。例（9）の"下"はいわゆる収容義を表すものであるものの、この動作の意味が前景化された日本語訳から、中国語学習者が"炒下"の形を用いてこれを表現することは容易ではない。本章では、この二義の理解にともに関わる「量」の概念という観点から、両用法について分析を試みる。

2）张燕春1995には、次のような記述が見られる。
　　　"上、下"都表示"容纳"。例如：
　　　　A：住上十二个人　　　睡上三个孩子　……
　　　　B：住下十二个人　　　睡下三个孩子　……
　　　　　　　　　　　　　　　　　　　　（张燕春1995：26）
　　　["上、下"はどちらも「収容」を表す。例えば：
　　　　A：12人住める　　　3人の子供が寝られる
　　　　B：12人住める　　　3人の子供が寝られる]
"上"の収容義については、通常、文法書類では記載が見られず、上記例についても単独で示された場合には広く認められる用法だとは言い難い（ただし、胡晓慧2012では同記述を引用したうえで"张燕春（1995：26）在讨论这类"V上／下"时，认为'上'、'下'都表示'容纳'"，都有一定的道理"（84頁）［张燕春（1995：26）はこの"V上／下"を論じる際に、「"上"と"下"はどちらも『収容』を表す」と見なしているが、そのことにはある程度筋が通っている］と評しており、同用法を認める者もいると思われる）。例えば実際には
　　　别墅一共三层，一楼是客厅和餐厅，还有两间卧室；二楼和三楼都是卧室，虽然说比周家的别墅还要小一些，不过再住上七八个人倒也是完全没有问题。
　　　　　〈http://www.7cct.com/dush/4583/2099438.html　誤字引用者訂正〉
　　　［（前略）周家の別荘よりもさらに少し小さいとはいうものの、あと7、8人住んでもまったく問題はない。］
このような例も見られるものの、この場合の"上"は、次に示すのと同様の「（数量的な）到達」の意味に該当するように思われる（上記例では収容を表す"住下"を用いることも可能）。
　　　再晴上一两天也好啊（《汉语动词用法词典》302）
　　　［あと1、2日晴れてくれればいいのにな］
加えて、"下"を用いた収容義の典型例とも言える"这辆车能坐下五个人。"［この車には5人乗れる。］を"＊这辆车能坐上五个人。"とはできないことなどから、本章では収容義を"上"には見られない、"下"に固有の用法として扱う。

2.2. "下来" "下去" の表す継続義

2.2.1. "下来" の完了までの過程を表す用法

補語 "下来" "下去" の代表的な派生義として「継続義」が挙げられる。一般に前者は「過去から現在までの継続」、後者は「これから引き続き行われること」を表すとされる。

(10) 这种习惯是一代一代继承下来的。
　　［この習慣は代々引き継がれてきたものだ。］
(11) 我想在中国继续工作下去。
　　［私は中国で引き続き仕事を続けていきたい。］

"V 下来" の形で表される継続義に関しては、多くの場合

　　传、流传、继承、保留、保存、遗留、生存 ……

といった、それ自体が長期にわたる持続義を有する動詞を用いた例が示され、教学上も「過去から現在までの持続」という意味が強調されるため、《对外汉语教学参考》に見られる次の記述のように、同意味区分の中に短いスパンを表す例が入っていると、中国語学習者は違和感を覚えてしまうことになる。

　　"动词＋下来" 表示动作从过去继续到现在。如：
　　　一起爬山的人中只有小李没坚持下来，回去了，其他的人都登上了山顶。

　　　　　　　　　（《对外汉语教学参考》116　体裁は引用者）
　　［「動詞＋"下来"」は動作が過去から現在まで継続することを表す。例えば：
　　　一緒に山に登った人の中で李さんだけが頑張りきれずに、帰っていった。他の人たちはみんな山頂まで登った。］

以下の例においては例（12）から（14）の順に、"V 下来" の表す動作の継続時間が短くなっている。

(12) 一天卖下来也能赚不少（《中国语补语例解》316）
　　　［1 日売っただけでもたくさん稼げる］
(13) 几个小时讲下来，口渴得要命。

　　　　　　　　　　　　　　　（陆庆和・黄兴主编 2009：147）
　　　［数時間話し続けたので、のどが渇いてしかたがない。］
(14) 一节课上下来她就晕倒了（《HSK 词语用法详解》447）
　　　［1 コマ授業を行って、彼女は倒れた］

　"下来"については『講談社 中日辞典』第 3 版（2010 年）の記述を見ると「動作が現在に至るまで継続すること，または，動作が最初から最後まで持続することを表す」（1717 頁）とあり、ここでは後半部に発話時点との関わりが捨象された意味が表記してあるものの、教学上その意味は前半に併記されている「現在までの継続義」ほど取り立てて強調されるものではない。また、「ある事柄が完了するまでの全過程を表す」（1596 頁）という記載が見られる小学館の『中日辞典』第 2 版（2003 年）では "算下来"［計算してみれば］や "做下来了"［作り上げた］のようなフレーズの例が挙げてあるにすぎないといった実情から、例（12）～（14）に見られるような用法を当該の意味と結び付けて、中国語学習者が実際に使いこなすのは容易ではない。上記《対外汉语教学参考》の "坚持下来" の例なども、この「完了までの過程を表す」に該当するものである。"V 下来" が用いられた場合の動作量・時間量を明示する代表的な要素としては、以下の①～④のようなものが挙げられる。

①状語
　(15) 这么多年的事了，他还能从头到尾讲下来

　　　　　　　　　　　　　　　（《汉语动词用法词典》191）
　　　［もうこんなに時間が経ったことなのに、彼はまだ初めから終わりまで話すことができる］
ここでは状語 "从头到尾" を用いて、行為の全過程が表されている。

②動詞の表す行為の過程

　形容詞を用いて状態変化について述べた"平静下来"［静まってくる］が過程を表すのと同様に、変化を含む動詞"停"を"下来"と組み合わせた"停下来"［止まる］についても動作の完成・結果を表せるのみならず、"慢慢地停下来"［ゆっくり止まる］や"正在停下来"［止まりつつある］のように、停止するまでの変化（移動）の過程を表すことも可能である。次の例では"下来"と組み合わさった"计算""检查"という動詞自体が、行為の遂行に伴う過程（一定のプロセス）を想起させるものである。

　（16）这次旅行计算下来得花一大笔钱（《中国语补语例解》238）
　　　　［今回の旅行は計算してみると、ものすごく費用がかかる］
　（17）这次检查下来发现管理上的问题不少（《中国语补语例解》244）
　　　　［今回検査して、管理上の問題が少なくないことが分かった］
　"下来"に関しては、杉村1983b：116にある注釈の１つに、次のような記述が見られる。

　　　有时"自始至终全面"的意思并不明显。譬如：
　　　　……11月18日中央电视台播发的中国女排凯旋的实况节目中，
　　　　在首都机场大厅欢迎女排的巨大横幅写的是："热烈欢迎中国女
　　　　排胜利归来！"我的儿子十九岁，高中二年级学生，和一些坐在
　　　　电视机旁的青少年，对这条标语都念不下来。
　　　　　　　　　　　　（杉村1983b：116 「……」や傍点は原文のまま）
　［時として、「最初から最後まですべて」の意味がそれほど明確ではない。
　例えば：
　　　…11月18日の中央テレビが放映した中国女子バレーボール（チーム）
　　　が凱旋した実況中継番組の中で、首都空港のロビーで女子バレーボー
　　　ル（チーム）を出迎えた巨大な横断幕には「女子バレーボールが勝利
　　　して戻ってきたことを心から歓迎します！」と書いてあった。19歳の
　　　高校２年生であった私の息子と、テレビのそばに座っていた若者たち
　　　は、この横断幕の言葉を読むことができなかった。］

これは「最初から最後までの意味が明確ではない」ケースとして挙げられた例であるが、ここでは"热烈欢迎……"と文字を順を追って1つずつ読んでいく様子がうかがえる。こうした行為の過程という認識を次の例に適用すると、実際には言語化されていない行為の対象（例（18）では「原文」のこと）に対しても、（文字を目で追っていくという点で）ある程度の分量を感じ取ることが可能となる。

 （18）你能翻下来吗（《HSK 词语用法详解》155）
   ［君は訳せますか？］

③名詞（フレーズ）の表す分量
 次の各例では、行為の対象となっている名詞（フレーズ）の表す分量から、行為の過程を認知できる。

 （19）两节课辅导下来也够累的（《汉语动词用法词典》139）
   ［2コマの補習をすると非常に疲れるものだ］
 （20）这么长的故事你能讲下来吗（《HSK 词语用法详解》268）
   ［こんなに長い物語、君は話せるの？］
 （21）这些活儿干下来可真不容易（《中国语补语例解》179）
   ［これらの仕事をやろうとしたら、本当に容易ではない］
 （22）他连中学也没读下来（《汉语动词用法词典》111）
   ［彼は中学校すら卒業できなかった］
 （23）整个曲子我弹不下来，只能弹一段（《汉语动词用法词典》356）
   ［曲全体は私は弾けないが、1段だけ弾ける］

例（23）では、「分量が多くて最後まで～できない；しきれない」という不可能の意味が表されている。こうした分量に関わる概念が、次の例では行為遂行の難易度を表すのに転用されている。

 （24）这么难的文章他能翻下来吗？（《中国语补语例解》150）
   ［こんなに難しい文章、彼は訳せるの？］
 （25）内容太深，他读不下来（《汉语动词用法词典》111）
   ［内容が深すぎて、彼には読めない］

(26) 简单的文章他能阅读下来（《HSK 词语用法详解》638）
　　　［簡単な文章なら彼は読める］

④数量表現の表す行為の分量
　分量を測定する際に、もっとも客観的な指標となりうるのは数量表現である。
(27) 没想到五百米我也游下来了（《中国语补语例解》540）
　　　［500 メートル私も泳ぎきるとは思いもしなかった］
(28) 一万米我可游不下来（《汉语动词用法词典》441）
　　　［1 万メートルなんて私はとても泳ぎきれない］
(29) 这孩子一年三双鞋都穿不下来（《汉语动词用法词典》61）
　　　［この子は 1 年間で靴 3 足ではもたない］
ここでは数値化された量の行為の達成の可否が述べられている。
　以下の例では、「完成するまでに（全体で）どれだけ時間・費用などがかかる」という意味が表されている。
(30) 全部节目表演下来得三个小时（《汉语动词用法词典》26）
　　　［全部の演目が終わるまでに 3 時間かかる］
(31) 这项研究做下来至少还要半年（《中国语补语例解》592）
　　　［この研究をやり遂げるのに少なくともあと半年はかかる］
(32) 这房子盖下来共花了十几万元（《中国语补语例解》175）
　　　［この家を建てるのに全部で十数万元使った］
(33) 这条毛裤打下来起码要用二斤毛线（《中国语补语例解》100）
　　　［この毛糸のズボン下を編むのに少なくとも 2 斤の毛糸が必要だ］

　従来より"下来"の表す「完成義」[3)]については教学上も強調されてきたものの、それは主に動詞の語彙的意味に基づくものであった。完成義の"下来"を補語とする代表的なものとして"写、背 bèi、记、留、剩、买、接、收"などの結果を生み出す動詞、あるいは"答应、承认、确定"などの非持続動詞が挙げられる。これらの動詞はその性格上、本

来的に完成段階が焦点化されるものである。とりわけ前者の動詞"写、背……收"については「(対象の)残存」を表すことから、動作の完成を明確に感じ取ることができる。これに対し、「現在までの継続」を表すとされる"継承下来"の類は、発話時点が動作の（暫時的な）到達点となる。そして、本章の主な考察対象である「完了までの継続の過程」を表す用法については、先に見た③や④の分量・数量といった要素が動作の区切りを示すことになる。また、この意味を表す用法については、上記の例からも見て取れるように可能表現で用いられるケースが多いということが、その特徴として挙げられる。

(34) 这两支曲子你能吹下来吗？（《中国语补语例解》87）
　　　［この2曲を君は吹けますか？］

「できる」「できない」というのはその行為をひとまとまりとして捉えるものであり、これも動作に区切りをもたらす手段の1つである。そうした「区切り」との関連で、《汉语动词用法词典》の"下来"の用法に関する箇所に、次のような記述が見られる。

　　钱数是否够做某事。……
　　　三块钱要打五把刀可打不下来
　　　这件东西二百块钱可买不下来
　　　　　　　（《汉语动词用法词典》"说明书"15　体裁は引用者）
　［金額があることをするのに十分かどうか。
　　　3元で刃物を5つ作ろうなんてとても無理だ
　　　これは200元ではとても買えない］

---

3) 次の"V下来"を用いた2例では動作の完成義のみならず、その結果がうまくいったことまでもが含意されうる。
　　a. 这个案子告了一年才告下来，总算出了这口气。（『ネイティブ中国語』107）
　　　　［この事件は告訴から1年経ってようやく勝訴し、やっとせいせいした。］
　　b. 他终于把那个老大难的问题啃下来了。（『ネイティブ中国語』170）
　　　　［彼はとうとうあの長い間未解決だった難題を解決した。］

この意味での同様の例は広く見られる。

（35）这些相片十块钱可洗不下来（《中国语补语例解》494）
　　　［これらの写真は10元では現像できない］
（36）五块钱能修下来吗？（《中国语补语例解》513）
　　　［5元で修理できるのですか？］
（37）一件毛衣三十几块钱能织下来吗？（《中国语补语例解》566）
　　　［セーター1着が30数元で編めるのですか？］

ここでは行為の遂行の可否を表すのに、数量的な尺度が用いられている。これは金銭に関わる事象に限られるものではない。

（38）一天测量不下来（《HSK 词语用法详解》56）
　　　［1日では測りきれない］

すなわち、用例の中で示された条件に相当する数値がある程度に達すると（日本語訳に付した下線参照）、その行為の遂行が可能になる（その境目が動作の区切りに相当）という点で、数値の増加と行為の関係を「完了までの過程」になぞらえて理解することができる。

さらに、次のように段階の移行を表す形式（"等…再〜"や"一…便〜"）においては、後半部分で示された行為が行われる前提となる段階の完成を補語"下来"を用いて表すことが可能である。

（39）等全部测算下来再说（《HSK 词语用法详解》56）
　　　［全部測ってからにしよう］
（40）一闲下来便睡觉（《HSK 词语用法详解》556）
　　　［暇になると寝る］

2.2.2. 発話時以降の継続を表す"V 下来"

"下来"の基本義は「発話時点（通常は現在）までの継続」を表すことである（例(10)参照）。しかしながら、次の例(41)〜(45)では、「発話時以降の継続」を表すのに"V 下来"の形が用いられている。

（41）照这样斗下来两头牛都得受伤（例(8)の再掲）（→斗下去）
　　　［このまま闘い続けたら、2頭の牛はきっとどちらも怪我をする］

（42）这样盖下来大概得上千万元钱（《HSK 词语用法详解》182)

(→ 盖下去)

［このまま建てていったら、たぶん何千万元もかかる］

（43）这样干下来得一个多月（《HSK 词语用法详解》185)

(→ 干下去)

［このままやり続けたら、1ヶ月あまりかかる］

（44）这样检查下来能发现问题（《HSK 词语用法详解》261)

(→ 检查下去)

［このまま検査を続けたら問題が見つかるだろう］

（45）照这样训练下来，再有一个月就可以上阵了

（《汉语动词用法词典》426)(→ 训练下去)

［このように訓練を続けていけば、あと1ヶ月で出陣できるようになる］

ここでは 2.2.1. で見たような行為の完了までの過程を表すという意味で、"V 下来"の形が用いられている。ただし発話時以降の継続を表していることから、いずれも "V 下去" の形に置き換えが可能である（上記例ではそのことを「(→ V 下去)」で示した）。一方で、次の例（46）および（47）ではこれからのことを表しているにもかかわらず、"V 下去"の形ではかえって不成立あるいは不自然となる。

（46）这样分析下来问题就清楚多了（《HSK 词语用法详解》169)

(→ *分析下去)

［このように分析していくと、問題がずっとはっきりする］

（47）这样设计下来，成本就会上升（《HSK 词语用法详解》453)

(→ ?设计下去)

［このように設計していったら、コストが上がるだろう］

例（46）では "问题就清楚多了" という明確な結果が示されており、将来における、それが実現される段階に焦点が置かれるという意味で "V 下来" の形が用いられている。"V 下去" の表す継続義は終結点を明示するものではなく、ここでは "分析下去" とするとその到達段階が不明

瞭となってしまうことが、上記表現が不成立となる要因だと考えられる。例（41）〜（44）でも同様に結果は示されているものの、（41）"得"や（42）"大概"といったモーダルな要素や、（42）"上千万"や（43）"多"といった概数の使用が話者の判断を曖昧なものにしており、このために"V下去"への置き換えが可能となる。例（45）から読み取れる「完全（すなわち最終的な到達点）ではないにしろ、あと1ヶ月もあればまあそこそこのレベルに達する」という一種妥協的なニュアンスも、曖昧な語気につながるものである。費用について述べた例（42）と（47）において"V下去"の成立の度合いに差が生じるのは、金額の変化について前者では金額が積み重なっていくアナログ的（連続的）な上昇が示されているのに対し（このとき到達点は不明瞭）、後者では金額の上昇の有無というデジタル的な変化（ある時点、すなわち到達点における変化）として捉えられており、この認識の相違が到達点の形成の差となって現れることに起因すると言えよう。

　ここで見た例（41）〜（47）ではいずれも「…ならば〜である」という条件・因果関係が表されており（例（45）〜（47）では帰結を導く"…就〜"の形が用いられている）、後節の述べる事柄・状態の実現には前節で述べる動作・行為の実現が前提となるため、"V下来"の形を用いることができる（例（39）（40）もあわせて参照）。確実にそうなるという意味では、次の例では仮定・条件を表す部分に数量表現が用いられて継続の期間が限定されていることから、"学习下去"の形を用いることはできない。

　　（48）四年学习下来，可以拿到大学文凭
　　　　　　　　　（《HSK 词语用法详解》588）（→ *学习下去）
　　　　　[4年間学んだら、大学の卒業証書を取得できる]
この例に次のような不確定要素を導入することにより、"学习下去"の形が使用可能となる。

　　（48）′四年学习下去，如果不出意外的话，就可以拿到大学文凭
　　　　　　　　　　　　　　　　　　　　　（→ ?学习下来）

　　　　［4年間学んで、不測の事態が起こらなければ、大学の卒業証書を取
　　　　得できる］
「もし何もなければ」という主旨の仮定の条件は事態の発生を否定する
ものであり、この終結点を特定しないという働きにより、今度は"学習
下来"への置き換えが不自然なものとなってしまう。

2.3. "下"の表す収容義

2.3.1. 収容という概念

　方向補語"下"には「収容・収納」を表す用法が見られ、これは多く
の辞書や文法書類でも言及されている。そのうちの代表的な記述をここ
に挙げておく。

　　表示有空间，能容纳
　　　　这个剧场能容下上千人
　　　　这间屋子太小，睡不下六个人
　　　　　　　　　　　（《现代汉语词典》第6版（2012年）：1403）
　　［空間があって収容できることを表す
　　　　この劇場は1,000人にのぼる人を収容できる
　　　　この部屋は狭すぎて、6人寝られない］

　　……動作をするだけの余地があることを表す
　　　　车里坐不下那么多人　［車にはあんなにたくさん乗れない］
　　　　　　　　　　　（『講談社 中日辞典』第3版（2010年）：1714）

収容という概念を理解する際には、容器の容量（空間）と内容物の分量
の比率が問題となる。
　　（49）一个小碗冲不下那么多奶粉（《汉语动词用法词典》52）
　　　　　［1つの小さいお椀の中で、そんなに多くの粉ミルクを溶くことはで

きない]

(50) 一行填不下三十个字（《中国语补语例解》453）
　　　[1行に30字は書き込めない]

(51) 一张磁盘储存不下（《HSK 词语用法详解》83）
　　　[1枚の磁気ディスクでは保存できない]

(52) 一张纸能印下吗？（《中国语补语例解》534）
　　　[1枚の紙で（この分量を）印刷できるのですか？]

(53) 这么多菜就一个盘子能盛下吗？（《中国语补语例解》69）
　　　[こんなにたくさんの料理、たった1枚の大皿に盛り付けられるのですか？]

例(51)および(52)のように内容物が示されていないもの、あるいは例(53)のように内容物が文頭に示されたケースは見られるものの、"V下"の形を用いて収容義を表す典型例は次のように

　　　場所＋動詞＋（数量成分＋）人・物

の語順で示されるいわゆる存在文の形に通じるものだと言える。以下、例を挙げる。

(54) 这点儿地方只能蹲下两个人（《中国语补语例解》141）
　　　[これっぽっちの場所には2人しかしゃがめない]

(55) 箱子里塞不下这么多东西（《中国语补语例解》391）
　　　[箱の中にこんなにたくさんの物は詰め込めない]

(56) 这儿拴不下十匹马（《汉语动词用法词典》342）
　　　[ここには馬10頭はつなげない]

(57) 一个圈里养不下十口猪（《汉语动词用法词典》432）
　　　[1つの囲いの中で10頭の豚は飼えない]

(58) 那儿能站下多少人？（《中国语补语例解》554）
　　　[そこには何人立てますか？]

(59) 刚好摆下一张桌子（《中国语补语例解》9）
　　　[ちょうど机が1つ置けた]

これらは述語動詞に"有"や"V着"（例：挂着、贴着）が用いられた

存在あるいは存在のありさまに言及した表現とは異なり、可能・不可能を表す表現となっており、さらに例 (59) のような評価に関わる副詞との組み合わせによって存在の可否、すなわち収容能力について言及したものも見られる。次の例では主題として提示された道具の属性が述べられている。

(60) 这只小鱼缸能养下几条金鱼？ (《中国语补语例解》528)
　　　[この小さな金魚鉢で何匹の金魚を飼うことができますか？]

(61) 这张床连两个人也躺不下 (《中国语补语例解》442)
　　　[このベッドでは2人でも横になれない]

(62) 这个坛子能腌下二十斤萝卜 (《中国语补语例解》523)
　　　[このかめだと大根を20斤漬けることができる]

(63) 这个口袋少说也能装下一百斤大米 (《中国语补语例解》579)
　　　[この袋に少なくとも100斤の米が入れられる]

また、上記のような容器が用いられたケースとは異なり、次の例では一次元的なロープが主題となっている。

(64) 这根绳子能晒下三床被子 (《中国语补语例解》396)
　　　[このひもでは、掛け布団を3枚干せる]

ひもの場合には長さが分量を想起させるものであることが、収容の概念につながることになる。

2.3.2. 調理方法を表す動詞を用いた場合

邱广君1997a：18は補語"下"と結び付いて収容の意味を表す動詞を"容量动词"と名付け、その例として"容、住、跪、躺、蹲、站、坐、睡、摆、放、装、搁、挤、排、铺、塞"などを挙げている。これらの動詞については、存在する人・物および場所が統語的にも優先して選択される要素として想定しうることから「収容」という概念とのリンクが比較的容易であるものの、こうした語義特徴を有さない"炒、烧、熬、烤、蒸、煎……"など調理方法を表す動詞についても"V下"の形で用いて、同じく「〜するだけの余裕がある」という意味を表すことが可能であ

る⁴⁾。

(65) 这么多菜一锅怎么能炒下？（例（9）の再掲）
　　　［こんなにたくさんの料理、なべ１つでどうやって炒めることができようか？］

(66) 一锅熬不下二斤米的粥（《汉语动词用法词典》4）
　　　［１つの鍋では２斤のお粥は作れない］

(67) 这个砂锅大，能煎下这剂药（《汉语动词用法词典》187）
　　　［この土鍋は大きいので、この薬を煎じることができる］

(68) 这个锅能烧下几斤肉？（《中国语补语例解》403）
　　　［この鍋で何斤の肉を煮ることができるの？］

(69) 一屉能蒸下多少花卷儿？（《中国语补语例解》562）
　　　［せいろう１つでどれだけの"花卷儿"（蒸しパンの一種）を蒸すことができますか？］

ここでは容器とその中身（食材のこと）が現れ、その容量や分量が問題となっており、収容義を表す補語の"下"が用いられている。とりわけ例（65）および（67）については、"这么多菜""这个砂锅大"といった語句からも分かるように収容量の多寡に対する判断が示されており、この"下"を用いて表現する必要がある（収容量自体を問うにすぎない例（68）（69）では、"烧下""蒸下"の"下"は省略可）。また、意味的に例（67）～（69）では道具が主題となっていることに加えて、動詞"煎、烧、蒸"が表す行為が対象物に対していわば「放任的」であることが一種の状態として認識されるために（これは上述の存在文に通じるものである）、動作主は背景化していると言える。これに対して例（65）では行為の対象が主題化されており、また動詞"炒"からは動作主の動態的な働きかけが感じられるため、ここでは動作主が前景化されることにな

4）次の例における"炒下"は、収容ではなく動作の完成を表すものである。
　　……你个贱骨头！我给你炒下的菜，你不回来吃，绕世界胡塞去舒服？
　　　　　　　　　　　　　　　　　　　　　　　　　　　（《骆驼祥子》167）
　　［このろくでなし！　私が作っておいた料理を食べに帰ってこようともせずに、外をほっつき回って手当たり次第口にして気持ちいいのかね？］

り、当該の日本語訳から日本人学習者が収容という概念と結び付けて、"V下"の形を用いて中国語でこれを表現するのは容易ではないと思われる。

2.3.3. "吃不下" について

"吃不下"の表す意味について、小学館の『中日辞典』第2版には次のような記述が見られる。

【吃不下】（満腹で）食べられない
　　　　　（病気などで）食物がのどを通らない
　　　　（小学館『中日辞典』第2版（2003年）：203　体裁は引用者）

この1つ目の意味は本章で扱っている「収容義」に基づくものであり、同用法については教科書や参考書類でも言及が見られる。

動詞＋得／不＋下（容量的な可能性を表す）
　　太飽了，这个三明治吃不下了。
　　［おなかがいっぱいになったので、このサンドイッチはもう食べられない。］
　　　　　（『改訂版 簡明実用初級中国語』郭春貴，白帝社，
　　　　　　　　　　1999年：85　日本語訳は引用者による）

"～不下"は「～する空間的余裕がない」ということで、"我已经吃饱了，吃不下了。"のように言い、……
　　　　（『中国語練習ドリル』荒川清秀，NHK出版，2013年：102）
　　　　　　　　　　　　　　　　（以上、体裁は引用者による）

人間の身体はメタファー研究において、往々にして容器に喩えられる。
　（70）a. 听进去［聞き入れる］
　　　　b. 咽进去［飲み込む］

(71) 说出来
　　　[口に出して言う]

ここでは出入りを表す補語が容器の存在を想起させる。そして、身体部位が用いられた次の例（72）（73）では、収容義の"V下"が可能補語の形で表されている。

(72) 我脑子里可记不下这么多事（《汉语动词用法词典》181）
　　　[私の頭ではこんなにたくさんのことは覚えきれない]

(73) 颐谷笑容上脸，高兴得容纳不下，恨不得和同车的乘客们分摊高兴。（钱钟书《猫》 http://139shu.com/view/3831.html）
　　　[颐谷は顔に笑顔を浮かべ、喜びが抑えきれずに、乗り合わせた乗客たちと喜びを分かち合えないことをもどかしく思った。]

こうした意味で、"吃不下"についても「人間の体」「満腹」といった要素が収容義とリンクする動機づけになりうることは想像に難くないものの、

① 「"吃、咽"＋"下"」の組み合わせにおいては、食べた物の軌跡が前景化された「方向義」で解釈されることが少なくない。

② 「おなかいっぱいで食べられない」ことを表すのに日本人学習者が真っ先に思い浮かべるフレーズは"吃不下"ではなく、"吃不了"である（上記、郭春贵1999および荒川2013の各例においても、"吃不下"を"吃不了"に置き換えることは可能である）。

といった要因から、実際には"吃不下"を空間的な収容義とリンクさせるのは、日本人学習者にとって、一概に容易なことだとは言い切れない。現に、次の刘月华主编1998の引用例を見ると

(74) 饭，是吃不下了，肚子饱饱的，想喝酒。
　　　　　　　　　　　　　　　　　　　　（刘月华主编1998：139）
　　　[飯は、もう食べられない。おなかはいっぱいだが、酒は飲みたい。]

ここでは"肚子饱饱的"の部分が容量を明示しているにもかかわらず、この例（74）の"下"については同書では収容を表すという"結果意義"ではなく、"趨向意義"に区分されており、その解釈には揺れが見られると言える[5]。

2.4. おわりに

以上、"下来"の「完了までの過程を表す用法」および"下"の表す「収容義」について個別に考察した。前者では「行為の分量」、後者では「物の分量」という観点から、それぞれ行為の遂行が述べられることになる。両用法については、方向補語の各種用法に関する意味ネットワークの構築時に求められるような有機的な意味項目の相関関係を見出すことは困難であるものの、どちらも典型的には数量表現という客観的な指標を導入して、行為遂行の可能・不可能を表現するものであるという共通点が見出せる点では、興味深く感じられる。

---

5) 著者（丸尾）の周りのインフォーマントの多くは、これを"結果意義"と見なす。

第3章

動補構造 "V 进(来／去)" について

3.1. はじめに

　方向動詞 "进" が補語として用いられた "跑进教室来"[教室に駆け込んでくる]のような動作主（主体）の移動を表す形は、教学上、初級段階でもしばしば言及される。刘月华主编1998では各種方向補語の表す文法的意味について "趋向意义"[方向義]、"结果意义"[結果義]、"状态意义"[状態義]の３つの側面から考察が加えられ、それぞれのケースにおける当該の補語と結び付く動詞に対して体系的な分類が行われているが、方向補語 "进(来／去)" の用法に対する記述（203 − 216 頁）は、他のものと比べると非常に少ない。そこで主に提示されているのは外部から内部への移動を表す「方向義」であり、「結果義」は限られたわずかな動詞との結び付きによる "凹陷" の意味のみ[1]、そして動作の段階・状態を表す「状態義」に至っては該当例が見られない。
　このように "进(来／去)" には他の方向補語の場合に見られるような各種抽象義への意味拡張は認められないものの、当該フレーズを構成す

---

1) 刘月华1988aの段階では補語 "进(来／去)" には「結果義」はないと明記されている（78頁）ものの、刘月华主编1998では新たに "凹、陷、瘪" と結び付く "进(去)" を「結果義」として認めている（207および216頁）。これに対し、杨德峰2005：30は "陷进去、瘪进去"[(ともに)くぼむ]における "凹陷" の意味は、動詞（本章で言うV）自体の意味だとして異を唱えている。結果義に関して、例えば "团结起来" "关上" それぞれにおけるいわゆる「集中」「合わさる」の意味をV自身に本来的に備わっているものとするか、補語の部分が表すものとするかの判定については、各種方向補語の文法的意味を考える際にもしばしば問題となる。

る語の間に見られる次のような意味的・統語的要因により、日本人学習者にとって決して理解が容易であるものとは言い難い。

①日本語では「入れる」のように単純語で表すことができるものが、中国語では往々にして"放进去"のような形態的に「複雑」な形で表現される。

②"V进(来／去)"フレーズ（Vは動詞）におけるVと"进(来／去)"の間に、動作の発生順序に関して、複数の意味関係が見出せる。
 (1) a. <u>捏进</u>点儿盐<u>去</u> 【同時型】
     ［塩を少々つまみ<u>入れる</u>］
   b. <u>捡进</u>几颗石子儿<u>去</u> 【継起型（1）】
     ［小石をいくつか拾って（それから）<u>入れる</u>］
   c. <u>绑进</u>几本书<u>去</u> 【継起型（2）】
     ［本を数冊<u>入れて</u>（それから）<u>しばる</u>］

③非移動的な表現においても、日本語では訳出されない"来／去"が現れる。
  (2) 拍进来／去
    ［（写真に）撮り込む］

④"进"の指示する領域が「内部」であることにより、視点の置き方に関わる"来／去"の使用に制限が見られる（次の例では"V进来"の形は成立しない）。
  (3) a. 把名字刻进去
     ［名前を刻み込む］（→ *刻进来）
   b. 吃进去
     ［呑み込む］（→ *吃进来）

本章では主に"V 进(来／去)"の形で表される他動詞表現の用法について、V の意味特徴に基づいて考察を試みる。

3.2. 主体の移動

主体の空間移動を表す"V 进(来／去)"形式で用いられる V の種類としては、主に以下のようなものが挙げられる。

(4) a. 走、跑、飞、飘、漂、流、爬、骑、开［運転する］、挤［割り込む］、滚、滑、溅、跟、逃、扑、冲、掉、跌、摔、跳、闯［飛び込む］、退

b. 端、拿、带、抱、背、挑、扶、扛、提

c. 坐、躺、站、睡

例 (4a) 類の動詞を用いた場合には、広く移動の「様態」(manner) が表される。持続的な動詞"跑、飞"などは具体的な動作を描写するものであり、"跟、逃、扑、冲、掉、退"などは事態の状況を説明するものである。また、ここでは挙げていない動詞"下、刮、照、渗"なども主体を規定する（それぞれ"雨、风、光、液体"など）という点で、この様態に準じるものだと言える。

(5) 快关窗，雨都下进屋里来了（《中国语补语例解》496)
　　 ［早く窓を閉めて。雨が部屋の中に入り込んできた］

(6) 沙子刮进眼里了（《HSK 词语用法详解》202)
　　 ［砂が舞って目に入った］

例 (6) では現象を引き起こす主体である「風」は、直接的には言語化されていない。例 (4b) 類の V を用いた場合には、対象物を携えての主体の移動が表される[2]。ここでは主体の姿勢が移動時の様態に相当するものであり、統語的には V の部分を付帯的に捉えた"V 着进(来／

---

[2] "搬、拉、牵、运、推、抬"などを用いた"V 进(来／去)"の形も主体の移動を伴うものの、V の表す目的語への強い働きかけにより、この場合には例 (4b) 類とは異なり、受け手の移動が焦点化される。

去)"の形が成立する。そして文法解説書類でもあまり取り上げられない"坐、躺、站"など「姿勢を表す動詞」に加えて"睡"を用いた例（4c）類の場合には、「内部に移動後に V で表される状態になる」ことが表される。

(7) 坐进去
　　［中に入って座る］
(8) 睡进被窝＝进被窝（里）睡　（陈若君 1997：228）
　　［布団に入って寝る］

肖国政・邢福义 1984 や陈若君 1997 などの先行研究では、このタイプは目的関係を表すものとして捉えられている[3]。

3.3. 受け手の移動

中国語では通常、方向動詞の組み合わせのみでは他動詞的な意味を表すことができず、前に V を付加するという統語的操作が必要となることは先行研究においても指摘されてきた（杉村 2000a、荒川 2003 ほか参照）。例えば"进去"は「入る」という主体の移動を表すものであり、「入れる」という使役移動義は、典型的には"放进去"のような形で示されることになる。

(9) （「（中に）入れる」の意味で）*进去 → 放进去
同様のパターンを挙げておく。
(10) a. （「上に上げる」の意味で）*上去 → 放上去
　　 b. （「（中から）出す」の意味で）*出来 → 拿出来

このために、次のフレーズのように自動詞的にも他動詞的にも用いるこ

---

3) この意味特徴は、他の方向補語を用いた場合にも見られる。
　　请坐下来（上来／过来）（肖国政・邢福义 1984：579）
　　［下りてきて（上ってきて／こっちにきて）座ってください］
　また、荒川 2006 は同様の観点から、"坐起来、站出来"に加えて常用表現である"站起来、坐下"などについて、「最終的に"站"や"坐"の状態を目指す行為」（19頁）であると述べている。

とができるものも見られる。

(11) a. 藏进去

[(中に)隠れる／隠す]

b. 抱进去

[抱えて入る／抱え入れる]

次に、意味的側面から"V 进(来／去)"で表される他動詞表現のバリエーションについて考察する。例 (12) 類の動詞 (V) を"V 进(来／去)"の形で用いて、動作の受け手の移動を表すことができる。

(12) 扔、踢、弹 [はじく]、射、投、喷、吹

このタイプは一般に「Vxy フレーズ（xy は複合方向補語）において V は主体（主語）の行為を、xy は受け手（目的語）の方向を表す」という意味関係で捉えられるものである。そして、この V は身体動作による直接的あるいは物理的な働きかけにとどまらない。

(13) a. 骗进去

[だまして入れる]

b. 吓进去

[脅かして入れる]

例（13）は言葉や身振りが相手の移動を誘発するものである。同様に出来事を引き起こす"V 进(来／去)"を構成する V として、以下のようなものが挙げられる。

(14) 请、让、劝、逼、哄 [だます]、喊 [呼ぶ]、叫 [呼ぶ]、迎、接、招、招呼、轰 [追う]、赶 [追いやる]

これらの中には"请进去 [招き入れる]、叫进去 [呼び込む]、逼进去 [無理矢理入れる]"における"请、叫、逼"のように、それ自体語彙的に使役義を有する V も含まれるものの、"V 进(来／去)"という形式が生み出す使役移動義により、次のような V と"进(来／去)"の間に必然的なつながりを見出すことが困難な場合にも成立することになる。

(15) 把他骂进屋里去了

[彼を叱りつけて部屋（の中）に入れた]

ここでは、彼に命じて強制的に部屋に入れる情景がうかがえる。また、次の例（16）のように"放"を「放す」の意味で用いた場合には"扔、踢"のような目的語に対する積極的な働きかけとはなっておらず、その移動は受け手自らの意志によるものである。

　（16）把鹰放进树林里去（《HSK 词语用法详解》162）
　　　　［鷹を林の中に放す］

例（15）についてもあくまで使役的な意味を中核としつつも、例（16）のような受け手の側の自主性が前景化された場合には、「彼を叱りつけると、彼は（その場に居づらくなって）中に入ってきた」という意味での解釈も可能となる。

　次に、Ｖ と "进(来／去)" の間に認められる意味関係について、動作の継起性という観点から見ると、以下のように区分される（例（17b）および（17c）のタイプは、例（1b）と（1c）の【継起型（1）】、【継起型（2）】をそれぞれ言い換えたものである）。

　（17）a. 捧、捏、夹、拧、钉、灌、按、伸、倒［つぐ］、浇、锤、
　　　　　滴　　　　　　　　　　　　　　　　　　【同時型】
　　　　b. 摘、捡、采、拾、搂［かき集める］　　　【V 先行型】
　　　　c. 包装、锁、绑、包、封、捆、煮、炒、剁［たたき刻む］、
　　　　　和［こねる］、揉、拌　　　　【"进(来／去)" 先行型】

例（17）a－c 類の V を用いた場合には、例（12）類のように主体の動作（V）と受け手の移動（xy）が因果関係で捉えられるものではない。例（17a）類では受け手が移行する間、主体の動作（の結果）が持続することから、入れる際の「様態」が描写されることになる。

　（18）a. 捧进去
　　　　　　［すくい入れる］
　　　　b. 捏进盒里去（《汉语动词用法词典》261）
　　　　　　［箱の中につまみ入れる］

また、対象物の種類、使用器具などの手段といった側面から動作を規定するものも、このケースに相当する。

(19) a. 灌进去
   [（水を）注ぎ入れる]
   b. 你能把这个螺丝拧进去吗（《汉语动词用法词典》262）
   [このネジをねじ込むことができますか？]
   c. 再夹进去两片肉（《中国语补语例解》239）
   [肉をもう２切れつまみ入れる]

例（19c）では対象物を挟む「箸」が想起される。

これに対し、例（17b）類のＶを用いた場合には２つの動作の段階の独立性が明確であり、Ｖで示される動作の完了後に「入れる」という動作が行われることになる。

(20) a. 摘进去
   [もぎ取って入れる]
   b. 捡进篮子里去（《汉语动词用法词典》187）
   [拾ってかごに入れる]

以上見た意味関係は、往々にして当該の行為と結び付く対象や場所といった要素に左右される。例えば"抓进去"というフレーズを取り上げると、具体的な動作を描写する次の例（21a）は先の例（17a）類の「同時型」のタイプに、事態を叙述する例（21b）は例（17b）類の「Ｖ先行型」のタイプにそれぞれ意味的に区分されるものである。

(21) a. 抓进碟子里去（《中国语补语例解》574 改[4])
   [つかんで小皿に入れる]
   b. 那个小偷被抓进去了（《汉语动词用法词典》473）
   [あの泥棒は捕まって（牢屋などに）入れられた]

例（17b）類のパターンに対し、例（17c）類ではその時間的な継起性が逆になり、「入れる」動作の後にＶで示される動作が続く。

(22) 把礼品也包装进去（《HSK 词语用法详解》17 改[5])
   [プレゼントも中に入れて包装する][6]

---

4) 原文では"抓进碟子里"となっている。
5) 原文では"把礼品包装进去"となっている。

(23) 锁进抽屉里去
　　　[引き出しの中に入れて鍵をかける]

このケースには、拘束を表す動詞に加えて、調理方法を表す動詞の例も多く見られる。

(24) 这锅能煮进去那么多饺子吗？（《中国语补语例解》572）
　　　[この鍋にこんなたくさんの餃子を入れて、ゆでることができるのですか？]

(25) 把肉末炒进去（《汉语动词用法词典》45）
　　　[ひき肉を入れて（他の食材と混ぜ合わせて）炒める]

この意味的に「"进去"がVに先行する」タイプは、先の例（4c）類の"坐进去"のような主体の移動を表す場合にも見られた。

また、例（17c）類のVは具体的な動作を表すものであるが、これを「入れる」動作の完了後に実現される事態・状態として捉えたものに"关进去[閉じ込める]、泡进去[（液体に）入れてひたす]"のような表現が挙げられる。様態を表すものとして挙げた例（19c）の"夹进去"についても、動作の過程ではなく結果の状態が焦点化されると、次のような表現が可能となる。

(26) 夹进笔记本里去
　　　[ノートの間に挟み入れる]

"挂、摆、盛、停"などを"V进（来／去）"の形で用いた場合にも、動作の順序としては例（17c）類と同様のタイプであるものの、これらはV自体が強く着点を想起させるものであり、その受け手の付着先が"进（来／去）"で示されるという意味で、この場合には"进（来／去）"は動作を方向付けるものであると言える。

(27) 把大衣也挂进柜子里去（《HSK词语用法详解》203）
　　　[コートもたんすの中に掛ける]

(28) 停进车库里去（《HSK词语用法详解》512）

---

6) ここで言う「中に入れる」とはプレゼントを「他の既存の品（の中）に加える」という意味と、「箱や袋の中に入れる」という意味が考えられる。

第3章　動補構造"V进(来/去)"について　47

　　　　［(車を)車庫の中に停める］

　次の例 (29a) 類のようにそれ自体で「加える」意味を表すものを"V进(来/去)"の形で用いた場合には、とりわけその働きかけの先の着点が強く意識されたものになる。そして、例 (29b) 類のような V が人間の思考に関わる行為の場合にも、この「加える」意味で"V进(来/去)"の形が成立する。

(29) a. 加、包括、补、补充、添、混［混ぜる］、贴［補填する］、下［入れる］

　　　b. 计划、计算、数、统计、考虑

　こうした状況に鑑み、多くの動詞の代用となる"打"を用いた場合には、"打进去"の形に上記各種意味関係が反映されることになる。

(30) a. 打进去一发子弹（《汉语动词用法词典》78）
　　　　［弾を1発打ち込む］　　　　　【例 (12) 類のタイプ】
　　　b. 把这两个铁钉子打进去（《中国语补语例解》95）
　　　　［その2つの鉄釘を打ち込む］　【例 (17a) 類のタイプ】
　　　c. 再打进去一个鸡蛋（《中国语补语例解》99）
　　　　［もう1つ卵を割って入れる］[7]　【例 (17b) 類のタイプ】
　　　d. 把衣服打进去（《HSK 词语用法详解》99）
　　　　［服を入れて（その入れた小包を）しばる］
　　　　　　　　　　　　　　　　　　　【例 (17c) 類のタイプ】
　　　e. 服务费也得打进去（《中国语补语例解》105）
　　　　［サービス料も計算に入れなければならない］
　　　　　　　　　　　　　　　　　　　【例 (29b) 類のタイプ】

---

7) 原典ではこの例は"打"が「かき混ぜる」の意味の例として挙げられているが、複数のインフォーマントはこれを「割る」の意味で解釈する（例 (30c) でもその解釈に従った）。また原典での意味で解する場合でも「入れてかき混ぜる」という例 (17c) 類に区分されるものなのか、「混ぜ入れる」という例 (29a) 類に区分されるものなのか判然としない。

3.4. "来／去"について

"跑进来"のようないわゆるVxyの形で示されるフレーズにおけるxの部分に相当する"上、下、进、出……"などは、場所に対する絶対的方向を表したものであり、統語的にはこうした方向動詞が単独で述語となったもの、例えば"他进教室了。"から場所目的語を欠いた"*他进了。"の形は成立しない（杨凯荣2006：56参照）[8]。ただし、"他进来了。"であれば主観的視点からの位置関係が反映されているため成立する。"请进。"のような依頼文の類で場所目的語および"来／去"がなくても成立する一因として、この場合には、発話の場面に依存して言語化されていない着点が明確に認識できることが考えられる。

このように"来／去"の有するダイクティックな機能により、場所概念が表現されることになるものの、"去"に関しては日本語では必ずしも「行く」が現れない点に相違が見られる。

(31) a. 出去买东西（→ *出买东西）
　　　［買い物に出かける］
　　b. 我要回去了。（→ ?我要回了。）
　　　［私は帰ります。］

とりわけVの部分に後に見る他動詞を用いた場合には、日本語では移動事象との関連性が見出しにくい動作表現にも、往々にしてこの"来／去"が現れる。

(32) a. *把他的事迹写进
　　b. 把他的事迹写进报告里
　　　［彼の業績を報告書に書き込む］

---

[8] 杨凯荣2006では、この（本章で言う）xとyの場所目的語に対する統語的な必要性の度合いの差異（xの方がyより、場所目的語との結び付きが強いこと）を根拠に、"*走进来房间"ではなく、"走进房间来"のような語順がとられる旨論じている。

c. 把他的事迹写进去
　　　［彼の業績を書き込む］

3.4.1. "V 进来" に見られる制約

　主体あるいは受け手の動態的な移動が認識できる場合には、その方向性を対称的に捉えて"来／去"のいずれを用いることも可能である。
　(33) a. 走进来／走进去
　　　　　［入ってくる／入っていく］
　　　b. 扔进来／扔进去
　　　　　［投げ入れてくる／（向こうに）投げ入れる］
移動経路が問題とならない場合にも、その着点領域に存在する話者との位置関係に方向性が反映される。
　(34) 你把这个东西放进来／放进去。
　　　　　［その品を｛こちらに／あちらに｝入れなさい。］
しかしながら、非移動的な表現については不均衡であり、とりわけ"来"の使用に多く制限が見られる。
　(35) 把名字刻进去（→ *刻进来）
　　　　　［名前を刻み込む］
"进来"を用いた場合には話者の視点が「内部」に置かれることになるが[9]、とりわけ、多くの移動経路が想定されないような他動詞表現においては動作を働きかける着点領域には発話者である人間が存在しえないケースが多く見られ、そのことが"来"の使用に抵触する大きな要因となっていると言える。
　刘月华主编1998の言う結果義に相当する"进去"と組み合わさる「へこむ」意味のVである"凹、陷、瘪、塌"などについて"V 进来"の

---

9) このとき通過点となっている境界を起点として認識できることは、介詞"从"の用法との関連で、これまでもしばしば言及されてきた。
　　月光从窗户照进来
　　［月の光が窓から差し込んでくる］

形が成立しないのも、話者が実際に物体の中に存在したうえで接近として捉えることが不可能であることが、その主な要因として挙げられる。そして同時に状態変化に伴う物の形状（軌跡の一種）に方向性を見出すことは可能であり、「へこむ」という事象は表面を起点に一方向的にしか認識できない。

"注射、塞［詰め込む］、吸收、滲、输［入力する］"などについても、その事象を認識する際の立脚点と方向性に基づいて、通常"V 进去"の形で表されるものである。"插、种、埋"などは、「領域」に関わる例（34）、あるいは内部への「働きかけ」に関わる例（35）のいずれの図式でも解釈できるものであるものの、後者の意味では、やはり"V 进来"の形は不成立となる（例（36b）の"*插进来"）。

  (36) a. 插进去／插进来
     ［(向こう／こちらにある花瓶に) 挿す］

    b. 插进去／*插进来
     ［(花瓶の中に) 挿す］

単独のフレーズレベルで見ると、例（36）の成立する組み合わせの中ではｂの意味での"V 进去"がもっとも無標的（unmarked）な解釈となるが、実際の運用においてはａの意味を表すことも可能である。このことについて、"种进来／去"の実例で見てみる。

  (37) 蔷薇是怎么长在我家院子里的，这个问题我问过妈妈无数次，妈妈说是和石榴树一起种进来的，至于是谁种的，妈妈说她嫁过来就已经存在了。
    (http://www.xcday.com/Archive_view.asp?boardID=89&ID=45881　誤字ほか引用者一部訂正)（→ *种进去）
    ［バラがどうしてうちの庭に生えているのか、この問題について私は幾度となく母に問いただしたことがある。母はザクロの木と一緒に植えたのだと言う。誰が植えたのかについては、母が嫁いできたときには既にあったそうだ。］

  (38) 可惜我的花园很小，各种花卉都种进来以后，就再也容纳不下

了。只好拿一小株种在花盆里，……

(http://zhidao.baidu.com/question/16947247.html)

（→ 种进去）

［残念なことにうちの庭園は小さく、各種草花を植えると、もうそれ以上は入りきれなくなった。しかたなく、小さな株を１つ取って植木鉢に植えて］

　ここではいずれも"种进来"は、自分の領域に対象物を取り込むことを表すのに用いられている。例（37）においては身内である母の立場からの記述となっているため、"种进去"とすることができないのに対し、例（38）では"种进去"を用いて、過去の出来事を客観的に叙述することができる。これらはいずれも庭（園）という限定された「範囲」への移動について述べたものであるのに対し、さらに例（38）においては、土の中という「容量」のあるものの内部への働きかけとなっているという意味でも、具体的な動作を表す"种进去"の形が成立する[10]。これは例（36b）での捉え方に相当する。例（37）においては、実際に「植える」動作を行った主体は背景化している。

　動詞"去"については話者の位置が反映された「遠ざかる」意味のほかに、話者の位置から切り離した「着点を目指す移動」を表す、いわゆ

---

[10] "进"のとる場所目的語は、往々にして容器のイメージで捉えられるものである。そして、その閉じた領域から連想される「容量」「範囲」といった属性に関するある側面が、各Ｖとの組み合わせによって焦点化されることになる。例えば"写进(去)"で表される動作であれば、働きかける先の領域として「文章」のようなまとまり（集合体）に加えて、さらに「記載欄」や「枠」といった囲まれた部分が容易にイメージできる。こうした捉え方は、方位詞"里"を扱った考察においてもしばしば見られるものである。
　　a．湖里有一条很大的船。
　　　［湖に大きな船が１隻ある（浮かんでいる）。］
　　b．湖里有一条很大的鱼。
　　　［湖に大きな魚が１匹いる。］

（a、bともに高橋 1992：54）

"湖里"はａでは陸地に囲まれた「範囲」として、ｂでは水の中（「容量」）という認識で捉えられる。

る客観的に移動を眺める立場をとることが可能であり、これが移動実義が希薄な他動詞表現の場合には、主体による受け手への動作の働きかけと軌を一にすることになる。フレーズレベルで動作のみが示された場合に、通常"V进去"の形が用いられるのは、このような話者の立場の関与を排除しようとする働きによるものだと思われる。"来"を用いると必然的に話者の視点が導入される（内部への話者の存在が要求される）ために有標的（marked）なものに感じられることになり、その使用に際しては、往々にしてかなり特殊な状況まで含めた場面設定が別途要求されることになる[11]。例えば非移動的な表現である「書き込む」については、通常は"写进去"の形が用いられる。

 (39) 我把自己的名字写进去了。(→ *写进来)
   [私は自分の名前を書き込んだ。]

しかしながら、ブログなどを想定した場合、発信者（起点）と受信者（着点）が存在することにより、その方向性が反映された"写进来"も使用可能となる。

 (40) 欢迎大家把自己的意见写进来。(→ *写进去)
   [皆さんのご意見の書き込みをお待ちしています。]

3.4.2. "V 进去"の表す意味

次の例では主語の人称によって、"来／去"の使用に差が生じる。

 (41) a. 我把手缩了回来。(→ *缩了回去)
    [私は手を引っ込めた。]
   b. 他把手缩了回来。(→ 缩了回去)

---

11) 例えば無標的な"钉进去"に対して、有標的な"钉进来"であれば「壁の向こうから打った釘がこちら側に突き出てきた」のような、着点側に話者の存在が反映された状況を設定する必要がある。また、後述の例（43b）の"溶进去"についても、比喩的な用法として「組織」を溶液に見立てた場合には、"参加进来"や"考进来"同様に、内部に属する者の発話として"溶进来"の形も成立する。
  他已经完全溶进我们班里来了。
  [彼はもうすっかり私たちのクラスに溶け込んだ。]

［彼は手を引っ込めた。］

ここでは手の動きについて、"来"を用いてそれぞれ動作主の立場から接近と捉えているのに対し、例（41b）では三人称の動作を客観的に捉えて"去"を用いることができる。

一方、"吃、喝、吞、咽、吸"など「取り込む行為」（马庆株 1997 で言う"内向动词"に相当）については、動作主自身が着点であるにもかかわらず、人称を問わず一律"V 进去"の形が用いられる。

ここで"来／去"の表す動きについて見てみると、"来"は到達を表すものであり、"前边儿来了一个人。"に見られるような眼前における移動の継続的な過程（接近）は、存現文の表す出現という認識に依拠するものであるのに対し、"去"は意味的に着点に向かう継続的な動きを表すことができる。方向補語"下来／下去"の派生義「～してきた／し続ける」にもそのような違いが反映されている。さらに"进去"の形では、それと対称的な動きである"出(来／去)"が開かれた空間への到達を前提とするのとは異なり、閉じた空間の形状によって「更なる（奥への）移動」が表される。

(42) a. 塞进去
　　　　［詰め込む］
　　 b. 钉进去
　　　　［（釘などを）打ち込む］

上に挙げた"吃、喝、吞、咽、吸"などの V は、のどを通して体内に取り込むという語彙的意味を有するものであるが、これらを"V 进去"の形で用いることにより、容器に喩えられる身体の内部における一定の経路をたどる動きが想定されていると考えられる（その動きは「体の奥へ」という認識で捉えられる）。

そして、同じく「取り込む行為」である"看、学、读、记［覚える］"などについても、"V 进来"ではなく"V 进去"の形を用いて「頭に入る、理解する」という「知識の吸収」を表すものであるが、その過程は"吸收、渗＋进去"などから連想される吸収・浸透という事態の進行のイ

メージと重なるものである。
　こうしたものに対し、次の例は同様の方向性で解釈されるものではない。

　　（43）a. 我把手缩了进去。
　　　　　　［私は手を（そでに）引っ込めた。］
　　　　b. 药已经溶进水里去了。
　　　　　　［薬はもう水の中に溶けた。］
　　　　c. 把舌头伸出来／缩进去（丸尾 2008c：67）
　　　　　　［舌を出す／引っ込める］
　　　　d. 把两边的角叠进去
　　　　　　［両端の角を（内側に）折り込む］
　　　　e. 布料又收缩进去一寸多（《HSK 词语用法详解》476）
　　　　　　［布地がまた一寸あまり縮んだ］

先の例（41a）とは異なり、例（43a）では一人称と補語"去"の組み合わせが成立する。ここで見られる"来／去"の基本義である「接近／離脱」という方向性に関する概念が「出現／消失」という状況把握に関する認識にそれぞれ適用される現象については、先行研究でも言及されてきた（马庆株 1997、丸尾 2005 参照）。例えば例（43e）の「縮む」では、元の形を起点とする変化（変形）に消失義を読み込むという点で、"凹进去"のケースに通じるものである。そして、先に挙げた"吃进去"や、"来"を用いた次の例（44）についても、感覚上の「消失」「出現」をそれぞれ伴うものである。

　　（44）a. 虫子飞进嘴里来了
　　　　　　［虫が口の中に飛び込んできた］
　　　　b. 泪水流进嘴里来了（《中国语补语例解》307）
　　　　　　［涙が口の中に流れ込んできた］

ここでは接近の過程における経路の違いにより、経路・着点がともに自分の体の一部となっている例（44b）では、とりわけその出現義に基づく知覚のニュアンスが強く感じられる。

また"吸进去"について見ると、深呼吸をしているような状況であれば、吸い込む空気の流れに"吃进去"類同様の方向性を見出すことが可能であるものの[12]、移動の過程が感じられない次の例（45）については、消失義で捉えられるものである。

(45) 吸尘器一下子就把尘土吸进去了（《中国语补语例解》491)
　　　［電気掃除機がたちどころにほこりを吸い込んだ］

"擦去、删去"などに見られる消失義には、"去"の有する「取り除く」という原義が反映されている。境界の存在を意識した"进去"を用いた場合には内部への移動に伴い認知対象が見えなくなるという認識が、容易にこの消失義に結び付くものと思われる。

3.5. おわりに

他動詞表現"V进来／去"の補語の部分には、「入れる」という使役移動義が反映されている。教学上は"扔、踢"など移動を引き起こす原動力となるものがVとして用いられる場合には、往々にして補語の部分が受け手の方向を表すという側面が強調される。これは方向補語を構成するxとyのみの組み合わせが自動詞的な移動を表すものであることに加え、結果補語についても日本語の複合動詞の構成とは異なり、"打死"［殴り殺す］や"撞倒"［つき倒す］のように補語の部分に（受け手の状態に言及した）自動詞を用いて表現するという共通性から見出せる中国語の特徴を意識してのことだと思われる。その"扔、踢"類に"挂、加"など着点への働きかけを表すものをあわせて考えると、これらのVと

---

12) 例えば"花钱"との組み合わせで見てみると、次の例aにおける補語"去"は消失義を表すものであるのに対し、"进去"を用いたbでは方向性（その投資先としての着点）が認識できる。
　　a. 花去了很多钱
　　　　［たくさんの金を使った］
　　b.（这次炒股）花进去了很多钱
　　　　［(今回の株には) たくさんの金をつぎ込んだ］

結び付く"进来／去"は動作を方向付けるものという意味で、付随的なものとして捉えられる。

　これに対し、"捏、捡、绑"など、それ自体では移動事象と直接的な関わりをもたないVを用いた場合には、統語的操作によって生み出された「入れる」という使役移動義が、主体の独立した動作として顕在化することになる。

第4章

動補構造"出(来／去)"について

4.1. はじめに

　人や物の移動を伴う事象を表す方向補語を用いたフレーズ"V出"（Vは動詞）については、その反義語である"V进"における"进"がいわゆる派生義の用法に乏しいのとは対照的に[1]、「無から有へ」「隠れた状態から明らかな状態へ」「完成・実現」などと説明される派生義（刘月华主编1998で言う"结果意义"［結果義］）をその主な用法として有する。本章では方向補語"出、出来、出去"の表す意味について、それらと結び付く動詞の意味特徴に基づいて考察を試みる。考察の過程において、"卖出""买进"の組み合わせに比して使用頻度が低い動補フレーズ"买出"の用法を特に取り上げ、それに関連する周辺的な文法事象についてもあわせて論じる。

4.2. "出"の表す方向義

　移動動詞"进"がもっぱら着点指向であるのに対し、その反義語である"出"は起点・着点のいずれをも目的語としてとることができる。
　【起点指向】出家、出港、出国、出门、出狱、出院、出站……
　【着点指向】出场、出海、出世、出台、出庭、出外、出洋……
しかしながら、ここで挙げたものはいずれも、辞書の見出し語として収

---

[1]　"V进(来／去)"の用法については、本書第3章を参照されたい。

録されるような慣用的なものである。"出城、出北京"のような一部のものを除き、"?出教室、?出森林、?出社会"のような組み合わせは単独のフレーズとしては不安定であり（反義語の"进"では"进教室"は成立可）、"出教室往左拐"［教室を出て左に曲がる］、"出社会已经五年了"［社会に出てもう5年になる］のように、文中の一部の構成要素となった場合には成立するものの、"出"は本動詞として、目的語とのより生産的な結び付きを許容するものとは言えない。こうしたものをフリーな結び付きとするには、"出"の前に動詞を付加する必要がある。

(1) 跑出 {教室／房间}
　　［{教室／部屋} から駆け出す］

(2) 澹台智珠同那三位来客进了她家以后，薛大娘赶紧走出院外，使她大吃一惊的是院门口并没有停着小轿车，……
　　　　　　　　　　　　　　　　　　　　　　　　（《钟鼓楼》72）
　　［澹台智珠がその3人の客と彼女の家に入ると、薛おばさんは急いで屋敷の外に出た。彼女を大いに驚かせたのは、屋敷の入り口に小型の車が止まっていなかったことだ］

例（1）は"V出"の目的語（O）が起点の、例（2）は着点の各例である。
　また、"出"自体は境界の通過という瞬間的な事象を捉えたものであり、"V出"の形で数量的な表現とともに用いられた場合には、移動の様態に加えて、離脱後の移動距離が表されることになる。

(3) 祥子已经跑出二三十步去，可又不肯跑了，他舍不得那几匹骆驼。(《骆驼祥子》21)
　　［祥子は既に（そこから）二三十歩逃げ出したが、逃げるのをやめてしまった。彼はあの数頭のラクダが惜しくなったのだ。］

(4) 飞出很远（《中国语补语例解》158）
　　［遠くまで飛ぶ］

(5) 秃着脑瓢的老太太和卖粽子的为争半个铜子，老太太骂出二里多地还没解气。(《赵子曰》331－332)
　　［頭のはげたおばあさんがちまき売りと半分の銅貨のことで言い争

い、おばあさんは２里あまり（歩きながら）ののしり続けたが、ま
　だ腹の虫が治まらない。］

　例（5）では動詞"骂"自体は移動を表すものではなく、意味的にはその持続性により移動の際の付帯状況を表すことになる。
　"V出"の起点となる場所目的語は、範囲・境界を有する閉じた空間である。しかしながら、例えば"向我伸出手来"［私の方に手を伸ばす］のような行為については、必ずしも"把头伸出窗外去"［頭を窓の外に出す］のような異領域への移行を意識させる「境界」を見出せる状況で用いられるものではない[2]。動作者を起点とする事象については、離脱の軌跡に基づいて、「放つ」イメージで捉えることができる[3]。

　（6）投出五十米远（《汉语动词用法词典》382）
　　　［50m 投げる］
　（7）信寄出好几天了（《中国语补语例解》237）
　　　［手紙は出してもう何日にもなる］
　（8）他散布出不少谣言（《汉语动词用法词典》317）
　　　［彼は多くのデマを撒き散らした］

次の例では、この放出義が延長を表すのに用いられている。

　（9）这条铁路还需要延长出去二百公里（《汉语动词用法词典》430）
　　　［この鉄道はまだあと 200 キロ延ばす必要がある］

4.3. "出（来）"の表す結果義

　中国語の"出"は"出钱［金を出す］、出力［力を出す］"のような一部のイディオム的なものを除いて、単独では他動詞として自由に目的語を

---

2) この点、英語の out についても、同様の用法が見られる。
　　He reached out to grab it. (Lindner 1982：310)
　　［彼はそれをつかもうと手を伸ばした。］
3) しばしば容器のメタファーで捉えられる人間の身体を起点として「放つ」イメージで捉えられるものに、「言葉」（行為の例：说、念、喊、讲、叫、发(声音)、唱、背＋出）や「力」（行為の例：花出力气［力を出す］）などが挙げられる。

とることができない（荒川 2003：107 参照）。より自由な結び付きを実現するには、例（1）および（2）で見た主体の移動を表す場合と同様、前に V の付加が必要となる[4]。とりわけ対象の移動を表す場合には、この統語的操作は「使役化」という文法的意味を有することになる[5]。次の例（10）の「#」を付した各フレーズは他動詞的に用いられるものではなく（「出てくる」「入っていく」などの意味では成立する）、当該の意味を表すにはそれぞれ矢印の右側のような形で用いる必要がある。

(10) （取り）出す：#出来 → 拿出来
　　　入れる：#进去 → 放进去
　　　上げる：#上去 → 放上去
　　　下ろす：#下来 → 拿下来

以下の"出"を用いた例についても同様で、例（11）および（12）では"*出结果来"の形では「結果を出す」の意味にはならず、ここでは統語的な制約から、"出"を補語として用いる必要がある。

(11) 为了调动的事他整天跑人事科，还没跑出结果来。
　　　　　　　　　　　　　　　　　（『ネイティブ中国語』198）
　　　［異動のことで彼は1日中人事課に足を運んでいるが、まだ結果が出ない。］

(12) 这种会开不出结果来（《汉语动词用法词典》217）
　　　［こんな会は開いても結果は出ない］

(13) 变出一条大鲤鱼（《中国语补语例解》34）
　　　［手品で大きなコイを1匹出した］

さらに次の例（14）では、行為と結果の因果関係に"烫出一个泡"［や

---

4) こうした統語的制約から加えられる形式的な（dummy）動詞として"弄、搞"などが挙げられる。柯理思 2003：6 もあわせて参照のこと。
5) "把"構文で用いることのできない動詞の例として"知道、相信"などの知覚・心理動詞に加えて、"上、下、进、出 ……"などの方向動詞が挙げられる。この場合、方向動詞は補語として用いることになる。一方で、使役構文においては、"请你让我进去吧。"［私を中に入れてください。］のように述語動詞として用いることが可能である。

けどして水ぶくれができた]⁶⁾のような必然的なつながりを見出すことは困難であり、そこからは"V出(来)"という形によって表される積極的に結果を生み出そうとする働きかけを見て取ることができる。

(14) ……似乎他马俊仁掌握着包打天下的"秘方"，似乎王军霞、曲云霞等的<u>金牌</u>不是一步步<u>跑出来</u>的，而是小锅炖王八<u>吃出来</u>的，试问连得十六块金牌的中国女子游泳队有谁用过他的"秘方"？

(CCL 语料库)

［彼、馬俊仁（コーチ：引用者注）は天下を取る「秘方」を自分だけのものにしているかのようだ。王軍霞、曲雲霞たち（陸上選手：引用者注）の金メダルは一歩一歩走って獲得したものではなく、なべで煮込んだスッポンを食べて獲得したものであるかのようだ。連続して16枚の金メダルをとった中国女子水泳チームの中で、誰が彼の「秘方」を使ったことがあるというのだ？］

この"V＋出(来)"の形で「生み出す」意味を表すVについては、従来の意味区分をもとに、さらに本章における枠組みに照らして、次のⅠ～Ⅲのように整理し直すことができる。

Ⅰ．Vが［＋製作義］を表すとき

ここでは、この製作義を「産出物」や「産出の過程」などに対する認知の差異に基づいて、さらに以下の3つのタイプ（①～③）に下位区分する。

①次の動詞（V）を用いた場合には、"V＋出(来)"の形で、「無から有」への変化を表すものと捉えられる。

　　例：编、盖、创造、发明、叠、想、画、写、印、生产、捏造、设计、修改、补［繕う］、绣、翻译、制造、复制 ……

(15) 这座大楼没用一个月就盖出来了（《汉语动词用法词典》143）

---

6)"烫出一个泡"は《HSK 词语用法详解》500 頁からの引用例。

　　　　　［このビルは1ヶ月も経たないうちに完成した］
　（16）想出了一个好办法
　　　　　［よい方法を1つ思いついた］

②「産出物を伴う」という点では、中国語では次のような「教育、養育」に関わる動詞も、"V出（来）"の形で用いることができる。
　　　例：教育、指导、养、喂、领导、培养、训练……
　（17）教育出来不少优秀的人才（《汉语动词用法词典》200）
　　　　　［教育してたくさんの優秀な人材を輩出した］

③そして、次のものは必ずしも上記①②のような「積極的な働きかけ」を表すものとは言えないものの、これも生産の一種と捉えて、同様の形で用いることができる。
　　　例：蓄積、保存、预备、准备、留、凑［集める］、省……
　（18）把钱省出来买书（《汉语动词用法词典》331）
　　　　　［お金を節約して本を買う］
　（19）哥哥下班晚，把晚饭给他留出来（《汉语动词用法词典》241）
　　　　　［兄は仕事が終わるのが遅くなるので、彼に晩御飯を残しておく］

ここで、結果の側から見てみると、産出物としての性格を強く見出せるOとしては"挖出井来［井戸を掘り当てる］、画出画儿来［絵をかき上げる］"などに代表されるいわゆる結果目的語（effective object）や、例（11）（12）で見た「結果」そのもの、あるいは次に見る「記録、痕跡、計算式の答え」などがその個別の例として挙げられる。
　（20）他游出了世界记录。
　　　　　［彼は水泳で世界記録を出した。］
　（21）绑出好几道红印（《汉语动词用法词典》12）
　　　　　［縛って何本もの赤い跡がついた］
　（22）这几个数儿加出来是多少（《汉语动词用法词典》183）[7]

[このいくつかの数を足すといくつになりますか？]

　上記Ⅰ類の「製作義」を表す動詞に加えて、次のⅡ、Ⅲ類のようなケースも"V出(来)"の形で産出を表すものである。

Ⅱ．表現に関するもの
　例：表达、表示、表现、揭、揭发、揭露、暴露、体现、举(例子)、假装、装［ふりをする］、模仿、学［まねる］、打扮……
　（23）装出一副可怜的样子（《HSK 词语用法详解》692）
　　　［哀れな様を装う］

Ⅲ．新たな状態の出現（状態変化）を表すもの
　（24）这种料子染出来非常漂亮。（『ネイティブ中国語』219）
　　　［この生地は染めるととてもきれいだ。］

　また、料理も製作義に関わるものであり、この"V出(来)"の形をとることができる。
　（25）烧出两个拿手菜（《中国语补语例解》403）
　　　［得意料理を2つ作る］（"烧菜"で「料理を作る」の意味）
例（25）ではⅠ類で言及した物の出現が表されているが、調理方法（加熱法）について述べた"蒸、煮、煎、炒、烤、烧［あぶって焼く］"などは対象物に対する働きかけであり、この場合にはⅢ類で言う新たな状態の出現という意味から、"V出(来)"の形で完了・完成義が表されるようになる。
　（26）饺子蒸出来了（《中国语补语例解》562）
　　　［餃子が蒸し上がった］
　そして、次の行為については明確な生産物自体が想定できないという

7）"V出(来)"の形をとる「計算」を表す動詞として、"计算、加、减、乘、除、求、测"などが挙げられる。

点で、"V出来"の形で"V＋完、好"などに相当する完了・完成の意味が表されている。

 (27) 一会儿就把几张桌子抹出来了（《汉语动词用法词典》246）
  [しばらくすると、いくつかの机を拭き終えた]
 (28) 你把鸡蛋搅出来（《汉语动词用法词典》198）
  [卵を混ぜてください]

 本章では、"出"の前にVを加えるという統語的操作（使役化）が生み出す働きかけという観点から、方向義に基づく「移動させる」意味に加えて、「生み出す」という結果義に着目する。この結果の産出が、例(27)(28)では完了・完成を表すものと解され、一方、次の例(29)(30)では、Vがある結論を追求しようとする目的をもった行為であることが強く感じられるために、"V出(来)"の形で、その目的の達成（結果の取得）が表されることになる。

 (29) 打听出他的下落（《汉语动词用法词典》82）
  [彼の行方を聞き出す]
 (30) 你也慢慢就会品出他的为人(来)了。
  [君もおいおい彼の人となりが分かるようになるだろう。]

例えば"回答了一个问题"[1つの問いに答えた]では行為の遂行のみに言及しているのに対し、"出"を付加した"回答出了一个问题"では、正解したことまでが含意されるようになる。同様の構図が成立する動詞として、他に"猜、调查、讨论、判断、诊断、分析、问、比较"などが挙げられる。

 さらに次の例では"出来"が用いられて、行為の結果もたらされる（と期待される）効果を伴った完成が表されている。

 (31) 这件衣服沾上了油漆，没洗出来。
  [この服にはペンキがついて、洗ったが<u>きれいになっていない</u>。]
 (32) 他的毛笔字练出来了（《中国语补语例解》302）
  [彼の毛筆の字は練習して<u>うまくなった</u>]

そして「何を生み出すか」という観点から見ると、次のような例は日

本人学習者にとって、その解釈が難しいものであると言える。

(33) 新缝纫机得使些日子才能使出来（《汉语动词用法词典》333）
　　　［新しいミシンは何日か使わないと使いやすくならない］
(34) 我的腿已经走出来了（获得走长路等的能力）
　　　　　　　　　　　　　　　　　　（《现代汉语短语解析词典》81）
　　　［私の足は（鍛え上げて：引用者注）もう歩けるようになった（長距離を歩くといった能力を獲得すること）］

ここでは「結果を生み出す」という概念が、「成果・効果を発揮する」という意味に転用されているものと思われる。

　このように"V出(来)"の表す出現義をあたかも自発的にそうなったと「ナル」的に捉えるのではなく、「スル」的に「生み出す」と捉えることにより、従来「隠れた状態から明らかな状態へ」といった出現に基づく概念で捉えられてきた"看、听、闻、嗅、摸＋出(来)"の形についても、五感による主体的な働きかけプラス結果の産出（目標の達成）という観点から、"认出来"に代表される「識別」という意味を解釈することが可能となるのではなかろうか。次の介詞フレーズによって手段が示された例は、触覚のケースである。

(35) 鞋的大小可以用手试出来（《中国语补语例解》417）
　　　［靴の大きさは手で測ってみれば分かる］

　また次の発見義についても、探求という行為が結果を獲得する前提となっている。

(36) 找出一张毕业证书（《汉语动词用法词典》458）
　　　［1枚の卒業証書を探し出した］
(37) 校对出两个错误（《汉语动词用法词典》200）
　　　［校正して間違いを2つ見つけた］

4.4. "买出"の解釈をめぐって

4.4.1. "V 出"の表す方向性

　中国語学習者にとって方向補語の習得の難しさは、その派生的用法によるものに限られない。例えば"拿下来［下ろす］、放上去［上げる］"などに見られる日本語に直接現れない"来／去"は、中国語で作文する際など、なかなか使いこなせるものではない。こうした動作を（目的語のない）無標的（unmarked）なものとしてフレーズレベルで示す場合には、補語の部分が表す受け手の方向は（潜在的な）動作者の視点に基づくことになる。中国語ではさらに"凹进去［へこむ］、凸出来［出っ張る］"のような状態変化についても、認識者との位置関係が導入される場合が見られる。しかしながら、こうした視点は必ずしも"来／去"だけによって担われうるものではない。例えば"嫁出、嫁进、娶进"などに対して、"娶出"の形ではほとんど用いられない。「貸す：借りる」の両義を有する動詞"借"については、"借进"では「借りる」の意味を、"借出"では「貸す」の意味をそれぞれ表すことになる。ここでは動詞と補語"进／出"の組み合わせによって、動作の仕手・受け手間における方向が規定される。これに対し、"买／卖"については、売り手（起点）から買い手（着点）への所有権の移動という認識から、動詞自体によって方向性が特徴付けられ、通常それぞれの動作主体の視点を反映させた"买进－卖出"のような組み合わせが無標的となる。こうしたこともあり、中国語学習者が使用する教材の中で"买出"のような組み合わせに出くわすことはほとんどないものの、刘月华主编1998に次のような例が見られる。

　　　(38) 他从邻居那里买出两间房子。（刘月华主编 1998：219)
　　　　　［彼は隣人から2部屋買った。］

そして実際の小説などにおいても、この"买出"の形が散見される（後述例 (44)～(50) もあわせて参照）。刘月华主编1998は (38) の例文

を比喩的な用法として、"表示领有关系或占有关系等的转移，立足点……也可在新占有者上"（219頁）［所有関係あるいは占有関係などの移転を表し、立脚点を（中略）新たな占有者に置くこともできる］と述べているものの、同様の解釈は例（38）に"买进"を用いた場合にも成り立つこともあって、これは必ずしも"出"のみに特有の意味を明確に示したものとは言い難い。

　通常、"出"を補語に用いた場合には、「所有」という概念が形成する範囲・境界からの離脱という意味に着目したものだと言える。この場合、"卖、花"などを中核に、物品や金銭のやり取りを表すものが多く見られる。

(39)　花出去二百元
　　　［200元使ってしまう］
(40)　把这几件东西给出去算了（《汉语动词用法词典》149）
　　　［このいくつかの物をあげてしまえばそれで済む］
(41)　多收的钱全退出去了（《汉语动词用法词典》391）
　　　［多くもらった金はすべて返した］
(42)　找出五块钱去（《中国语补语例解》559）
　　　［5元おつりを出す］

ここでは動作主（起点）からの放出が表されている。一方、"买"や"敲诈"を"V出(来)"の形で用いた場合には、動作主による「取り出す」という強い働きかけが表される。

(43)　他敲诈出来人家一辈子挣的血汗钱（《汉语动词用法词典》300）
　　　［彼は人が一生をかけて汗水たらして稼いだ金を巻き上げた］

実例を見ると、例（38）のような起点を表す"从"フレーズと"买出(来)"が共起した形が少なくない。

(44)　原来，按他们事先谈好的条件，从玉溪烟厂买出的红塔山是72.50元一条，束强以86元一条出手给林某某，……
　　　(http://2006.hnzqw.com/dispbbs.asp?boardID=53&ID=11344)
　　　［元々、彼らがあらかじめ話し合って決めた条件に基づいて、玉溪タ

バコ工場から買った紅塔山は1カートン72.50元だったのを、束強は1カートン86元で林何某に転売し］

(45) ……他穿的西装也变得崭新，连他头上那顶破帽子也变成了仿佛刚从商店里买出来的新帽子，……

      （http://www.xici.net/b101637/d17165463.htm）

［彼が着ているスーツも新しくなり、頭の上のあのおんぼろの帽子ですら、まるで店から買ったばかりのような新しい帽子に変わってしまった］

(46) 又报告说，人家这下生活可富裕了，手里大包小包的，全是从友谊商店买出来的高档货 — 可这些都不算什么，……

             （《画星和我》183）

［また（妻が：引用者注）言うには、あの人たちはこうして生活がとても豊かになり、手にしている大きい包み、小さい包み、すべてが友誼商店から買った高価な品だということであった。 — しかしこれらは大したことではなく］

(47) 只有玉米和高粱才是文城人的食粮，而玉米高粱也得先交给敌人，再从敌人手中买出来。（《火葬》417）

［とうもろこしとコーリャンだけが文城の人々の食料であり、そのとうもろこしとコーリャンも、まず（一旦）敵に納めて、それをまた敵の手から買い戻さなければならなかった。］

また、人が目的語（移動対象）となった次の2例を見てみると

(48) 他找到了一位"大哥"，给了钱（他自己的钱），托"大哥"去买出瑞宣来。（《四世同堂：偷生》205）

［彼はある「親分」を探し出して、金（彼自身の金）を渡して、瑞宣を買い戻してくれるよう「親分」に頼んだ。］

(49) 他不惜破费，抱定一个主意，用钱买也得把和尚买出来。

      （http://www.xici.net/b140125/d6637311.htm）

［彼は金を使うのを惜しまず、ある決意を固めていた。金を使って（買って）でも和尚を出さなければならない。］

ここでは"买出(来)"を用いた上記例（44）〜（47）のように統語的に起点は示されていないものの、「捕えられている場所、監獄など」という閉鎖的な空間が容易に想定でき、そこから救い出す（"救出来、解放出来"）という使役移動的な意味が感じられる。

このように、方向義に基づくケースにおける"出"の使用には、起点の前景化を伴うことになると考えられる。

4.4.2. 選抜義

次に取り出す際の起点となる（閉じた）領域・範囲について、例（38）で用いられていた数量成分の働きに着目してみると、前述の「所有権」が形成する範囲に加えて、隣人の複数所有する部屋全体の中から一部を取り出すという意味合いを[8]、同時に感じ取ることができる。例えば次の例（50）でも、起点として「劉四爺の手下ども」という集合の概念で捉えられる領域を想定できる。

(50) 把她招急了，她还会抬出刘四爷来，刘四爷要是买出一两个人 — 不用往多里说 — 在哪个僻静的地方也能要祥子的命！

（《骆驼祥子》93）

［彼女を怒らせてしまったら、彼女は劉四爺を担ぎ出しかねない。劉四爺がもし1人か2人 — 多く言う必要はない — を買い付ければ（金で雇えば）、どんな辺鄙な所でだって祥子の命を奪うことができるのだ！］

この「一部を取り出す」意味については、方向義をベースとして、次のような「選抜義」という1つのカテゴリーを形成する。

(51) 比赛出前三名（《汉语动词用法词典》21）
　　　［試合をして第3位まで選ぶ］

(52) 先把他要的数出来（《HSK 词语用法详解》481）
　　　［まず彼の必要な分を数えておく］

---

8) 同様の事象を自動詞的に捉えて、"独立出来"のように"出"を用いて表現することができる。

こうした用法で用いられる V として、"区分、抽 [抽出する]、选、评选"
などが挙げられる。

4.4.3. "V 出" の使用に伴うニュアンス

先の例 (38) における "出" について、インフォーマントの多くはさらに「相手がなかなか売ろうとしないものを、『苦労してようやく（2部屋だけ…）』というニュアンスを表す」ことを挙げるが、こうした解釈は主として、"V 出" の表す主導的・積極的な働きかけに伴う心的な作用に着目したものである。ここから生じる「苦心のニュアンス」というものが、同様に以下の例からも読み取れる。

(53) 曾瑞贞 （酸苦）不要难过，多少事情是要拿出许多痛苦，才能买出一个 "明白" 呀。(《北京人》604)
　　[曾瑞貞 （つらそうに）悲観しないで。どれほど多くのことが散々苦労してからでないと、「分かる」ことを買えるようにはならないと思っているのよ。]

(54) "不要紧，我到机场给他搞一张，一张比较好办。" 到了机场，李白玲很快便在值机室为燕生买出了一张票。她和这儿的人很熟，有说有笑。这张票和我们的不是同一航班，同日下一班。
　　　　　　　　　　　　　　　　　　　　　　　(《橡皮人》60)
　　[「大したことないわよ。空港に着いたら彼に1枚手配してあげる。1枚ならまあ簡単だから。」空港に着くと、李白玲はたちまちチェックインルームで燕生のためにチケットを1枚手に入れた。彼女はこの人ととても親しく、親しげに話して笑っていた。このチケットは我々のと同じ飛行機ではなく、同じ日の次の便であった。]

例 (53) では、"才" が共起していることもあり、「苦労してようやく」という気持ちが明確になっている。また、例 (54) では、当該の一文だけを見たのでは "买出" を用いる動機づけが不明瞭であるものの、前後の文脈により、「コネなどの方法を使ってとりあえず1枚手に入れた（ただし、同じ便のまでは無理であった）」という「努力」の痕跡が見出せる。

第 4 章　動補構造"出(来／去)"について　71

次の例（55）（56）については、その動詞自体（"V 出来"のV）が労力を要すると認識される行為であり、加えてすべての範囲を指し示す語が共起していることもあって、ここではその容易でない行為を「苦労を伴ってやり遂げる」というニュアンスが強く感じられるとインフォーマントは指摘する。

(55) 下班前他把十头猪全杀出来了（《汉语动词用法词典》319）
　　［仕事が終わるまでに、彼は 10 頭の豚をすべて殺し終えた］

(56) 中国的古医书还没有全部整理出来（《汉语动词用法词典》463）
　　［中国の古代医学書はまだ全部整理し終わっていない］

そして、次の"买出"を用いた各例においては、否定形で用いられていることもあって、入手の困難さが一層明確に読み取れる。

(57) 他想：打发人去买不出来；自己去跑街，又不够派头，怕客人小看。（《李家庄的变迁》95）
　　［彼は思った：人を使いにやったのでは（違法の品であるヘロインを：引用者注）買えっこない。自分が出かけていったのでは、また格好がつかないし、客に見くびられる恐れがある。］

(58) 一位爱鸟老者，要把他的鸟笼子提勾油一油，走遍全石家庄的商场也买不出他所需要的油漆。（CCL 语料库の例を一部変更）
　　［ある鳥を愛する老人は自分の鳥かごのフックにペンキを塗ろうとして、石家荘中のマーケットに足を運んでも、彼の必要とするペンキを手に入れることはできなかった。］

(59) 这种剪绒花是外省的东西，S 城里尚且买不出，她那里想得到手呢？（《在酒楼上》157）
　　［そのビロードの造花は他の省のものだから、S 市でさえ手に入らないのに、彼女はどこで手に入れようというんだ？］

4.4.4.　方向義と結果義

4.4.2. で見た選抜義については、先の例（50）のように対象の移動という方向義に基づく解釈のみに限られるものではない。次の例（60）で

は数量表現が主題として提示されており、その獲得を出現という認識で、結果義として捉えることができる。

(60) 前夜清风阁的<u>二三十个打手</u>，就是他们<u>买出来</u>的，明天罢市的谣言也是他们放的，……（《蚀》176）
[前夜の清風閣の二三十人の用心棒は、彼らが買ったのだ。明日商人がストライキするというデマも、彼らが流したのだ]

　方向義と結果義の区分は連続的なものであり、重層的な解釈が可能となる。例えば、方向義に基づく放出を伴う事象は、"散发出香味儿来 [よい香りを放つ]、发出强光 [強い光を放つ]、弹出曲子 [曲を奏でる]、爆发出来 [爆発する]" など、その現象を感知できるものから "发出命令" [命令を出す] のような抽象的なものにまで広がる。物理的な事象についても移動経路が焦点化されないという点では、出現という結果義に準じるものとみなすことも可能である。

　また、動詞自体の有する語義により、その解釈に揺れが見られるケースも存在する。例えば

(61) 抄出很多毒品（《汉语动词用法词典》43）
[大量の麻薬を捜査して押収した]

"抄" は "搜查并没收"（《现代汉语词典》第5版（2009年）：158）[捜査して没収する] の意味を表す動詞であるが、これを "抄出" とすることにより、「探し出して（押収する）」という発見の意味（結果義：物の出現）と「（没収して）運び出す」という移動の意味（方向義：物（＋人）の移動）が交錯することになる。そして、統語的にも行為の場所を示した "<u>在他家里</u>抄出很多毒品" の形、および起点を示した "<u>从他家里</u>抄出很多毒品" の形がともに成立する。

4.5. "V 出去"

　最後に "V 出去" の形について、言及しておく。马庆株 1997：194 は物理的な移動を伴わない行為 "说" についても範囲という観点から、"说

出来"は発話者の位置する場にともに存在する人（範囲内）に情報を知らしめることであり、一方、"说出去"は情報を外部（範囲外）に広める（通常は漏らしてしまう意味を伴う）ことを表すという違いが見られる旨指摘している。この性格により、出現義で"V 出来"の形が成立する次の例においても、第三者の存在を意識した"V 出去"の形が成立する。

　　(62) 这种字写出去准让人家笑话（《中国语补语例解》507）
　　　　　［こんな字を書いたら、きっと人に笑われる］
　　(63) 这样的文章登不出去（《汉语动词用法词典》92）
　　　　　［こんな文章は掲載できない］

例（63）では「外部すなわち不特定多数の読者に対して公表できない」というニュアンスで、"V 出去"が用いられている。このように、"V 出去"はもっぱら方向義を表すものであり、派生的な用法は見られない[9]。実際、V 自体が外部への発信を意味する"推广、推销、公开、公布、宣传"などが用いられた場合には、この"V 出去"の形が多く見られる。

　　(64) 这个戏还没排好，演得出去吗（《汉语动词用法词典》432）
　　　　　［この劇はまだきちんと稽古してないのに、上演することなどできようか？］
　　(65) 要把这种优质产品宣传出去（《中国语补语例解》517）
　　　　　［このような高品質の製品を宣伝しなければならない］

例（64）および（65）は出現義で"V 出来"の形を用いることもできるものの、"V 出去"の場合には発信の方向に軌跡を読み込むことができるため、方向義とは相容れない次の"在"フレーズが用いられた例については不自然となる。

　　(66) 我们的研究成果终于在报刊上发表出来了。
　　　　　　　　　　（『ネイティブ中国語』75）（→ ？发表出去）
　　　　　［我々の研究成果がついに雑誌に発表された。］

---

9) 刘月华主編1998の"出"類を扱った箇所（217 − 256 頁）においても、"結果意義"は"V 出"および"V 出来"のみに見られるものであり、"V 出去"については"趨向意義"だけが示される。

4.6. おわりに

　方向動詞"出、进"については、その起点や着点がしばしば容器のイメージで捉えられる有界（bounded）の空間となっていることから、移動は異領域にわたる事象と見なされ、「到達」を認識的な側面から特に「出現」として捉えることができる。このことを接近を表す"来"による視点の導入という観点とあわせて見てみると、"进来"は行為者の移動を表すケース以外では、着点の性質により必ずしも視点を内部に置くことができるとは限らない。例えば、形状変化について述べた"凹进去"を"*凹进来"とはできない。一方、"出来"については起点以外の任意の箇所（容器外）が着点であり、移動は対象物の側から知覚者の視界への到達（目に入る）という形で実現される。こうした認識の差異が、"出－进"さらには **4.5.** で見た"出来－出去"の間にそれぞれ認められる派生義の有無に関する非対称性を生み出す要因となっていると言えよう。

第5章

「他動詞＋"回(来／去)"」の形に反映された方向義
―「取り戻す」「押し返す」意味を中心に―

5.1. はじめに

　動詞"回"［(元の位置に)戻る］を用いて表される動作主体の移動については、通常、起点と着点を同じくする[1] 1つの完結した事象となっている。補語となった場合、その表す意味は「方向義」にとどまり、"上、下、起"など他の方向補語の場合に見られるような派生義（抽象義）[2]への広がりは認められない。こうしたこともあり、"回"は方向補語の中でも日本人学習者にとって一見その習得が困難ではないように思われるものの、中国語では次のような「引っ込める」（例 (1)）、「退ける」（例 (2)）といった行為を方向義と関連付けて"回"を用いて表現する点については、とりわけ対象（受け手）が具象物ではない場合など、注意を要する点の1つである。

---

1) ただし、戻るものが同じであるかどうかという点において、中国語の"回"は必ずしも日本語の「戻る／戻す」などとは対応しない。例えば
　a. 一两人参只换回一套衣服（《汉语动词用法词典》172）
　　［50グラムのチョウセンニンジンで服1着にしかならなかった］
　b. 我让他一到目的地就给我拍回一封电报（《汉语动词用法词典》269）
　　［私は彼に目的地に着いたらすぐに電報をくれるように言った］
　aではチョウセンニンジンが戻ってくるわけではなく、bでは彼が電報を打ち返すわけではない。こうした事象に関する考察は、荒川2005および本書第6章などを参照。
2) 刘月华主编1998は方向補語の文法の意味を"趋向意义"［方向義］、"结果意义"［結果義］、"状态意义"［状態義］という3つに区分している。本書で言う「派生義」とは、後二者のことである。

(1) 他把下面的话咽了回去。(《四世同堂：偷生》385)
　　[彼は続きの言葉を飲み込んだ。]
(2) 把他的观点驳斥回去 (《HSK 词语用法详解》41)
　　[彼の見解を退ける]

本章では「他動詞＋"回(来／去)"」の形を取り上げ、中国語で「戻す」イメージで捉えられる動作について、日本語の場合との相違に留意しつつ見ていく。

5.2. 元の場所に戻す場合

「他動詞＋"回"」における"回"は対象の動きに言及したものであり[3]、同前の組み合わせで対象を「戻す」という働きかけを表すものである。まず、典型的な用法である対象を元の場所に戻す状況について、着点が動作主体自身であるか否かに分けて見てみる。

5.2.1. 着点が動作主体以外のとき

(3) 阅后请放回原处 (《汉语动词用法词典》131)
　　[見た後に元の場所に戻してください]
(4) 扔回一个球 (《汉语动词用法词典》313)
　　[ボールを1つ投げ返した]

この対象を元の場所に戻す状況を図示すると、次のようになる。

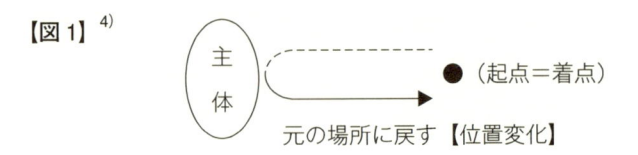

【図1】[4]

　　　主体　────→● (起点＝着点)
　　　　　元の場所に戻す【位置変化】

---

[3] この点で荒川 2005：139 の指摘にあるように、中国語の"买回来"とその日本語訳として充てられる「買って帰ってくる」では、移動するものが異なる。しかも、中国語では買ったものは「元の場所に戻る」わけではない（「買い戻す」の意味では戻ることになる）。杉村 1991 および本書第 6 章もあわせて参照。

5.2.2. 着点が動作主体自身のとき

　着点が動作主体自身の場合には、一旦手元から離れたものを再び主体が取り戻すという状況が表される。

　　(5) 昨天发的文件收回来了（《中国语补语例解》418）
　　　　［昨日配布した文書は回収した］
　　(6) 说不定他们又会把冠军夺回去（《中国语补语例解》142）
　　　　［彼らがまた優勝を奪い返すかもしれない］

これを図示すると、次のようになる。

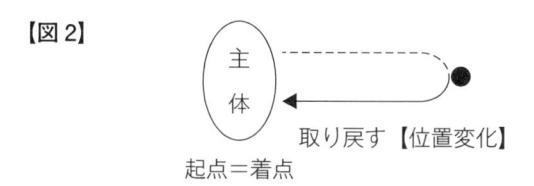

【図2】

　　　　主体　←------●
　　　　　　取り戻す【位置変化】
　　　　起点＝着点

　また、身体部位である手、足、首、舌などが対象の場合には、"V回"（Vは動詞）の形で伸ばした当該部分を「縮める」（例（7）～（9））あるいは通常の位置から「引き寄せる」（例（10）および（11））意味を表すことになる。

　　(7) 他把伸出去的手又缩回来了。（荒川2005：130）
　　　　［彼は伸ばした手をまた引っ込めた。］
　　(8) 他大胆的伸了伸酸疼的两条老腿，赶快又蜷回来；
　　　　　　　　　　　　　　　　　（《四世同堂：偷生》259）
　　　　［彼は思い切って年老いただるい両足を伸ばしたが、慌ててまた縮めた］
　　(9) 他调皮地把舌头伸了出来，马上又缩回去，……
　　　　　　　　　　　（http://www.my285.com/xdwx/shd/372.htm）

---

4)【図1】および【図2】では、対象物が元の場所からそれ以外の場所に移動した過程については不明あるいは問題となっていない（背景化している）ということを点線で示した。

　　　　　［彼はいたずらっぽく舌を出すと、またすぐに引っ込めた］
　（10）梅云清试图去握她的手。美霞的手缩回去了，……

　　　　　　　　　　　　　　　　　　　　　　　　　（《孽债》425）
　　　　　［梅雲清は彼女の手を握ろうとした。美霞の手は引っ込められ］
　（11）见没人搭话，她叹了口气，象蜗牛似的把头缩回去。

　　　　　　　　　　　　　　　　　　　　　　（《四世同堂：惶惑》148）
　　　　　［誰も話にのらないのを見て、彼女はため息をついて、カタツムリの
　　　　　ように首を引っ込めた。］

5.2.3.「取り消し」を表す場合

　上記 5.2.2. に関連して、表現（言葉）、表情（笑顔）などの表出は「放出」というイメージで捉えられるものであり、次の例では"V 回"の形で「言ったことを回収する」（→撤回する）、「笑顔を引っ込める」など「取り消し」の意味を表すことになる。

　（12）我收回刚才说的话（《汉语动词用法词典》336）
　　　　　［私はさっき言った言葉を取り消す］
　（13）及至看清楚，门外站着的是冠晓荷，他的那点笑容突然收回去，
　　　　脸上立刻显着很黑很硬了。（《四世同堂：惶惑》272）
　　　　　［扉の外に立っているのが冠暁荷だと分かると、彼の笑顔は突然消
　　　　　え、顔は急に暗く固くなった。］
　（14）"……因此，必须收回撤退命令，要各个部队仍在原来阵地死
　　　　守！"

　　　　　　　　　　（http://www.biku.net/bookgame/yamamoto/y07.htm）
　　　　　［「…従って、撤退命令を撤回しなければならない。各部隊には引き
　　　　　続き元の陣地で死守させること！」］

次は視線の例である。

　（15）阿妈的目光从他们脸上收回来，咬着牙迸出一声。

　　　　　　　　　　　　　　　　　　　　　　　　　（《孽债》339）
　　　　　［母は視線を彼らの顔から引っ込めると、歯を食いしばって一言発した。］

5.3. 外に押し返す場合

上で見た「元の位置に戻す」(【図1】)、「取り戻す」(【図2】)意味を表す場合には、着点が前景化されていた。これに対し、次の「押し返す／押し戻す」意味を表す場合には着点は背景化し、方向転換[5]に主眼が置かれる。

(16) 把抗议顶回去。(荒川 2005：130)
　　　［抗議をつっぱねた。］
(17) 把他的观点驳斥回去（例(2)の再掲)[6]
　　　［彼の見解を退ける］
(18) ……还有永无结束的哒哒哒的报怨，还有正鸿刚一说就被玫香堵回去的理论……他愤愤地说：
　　　(《恋爱的季节》347 「……」は2箇所とも原文のまま)
　　　［それから永遠にドドッとあふれ続ける恨み言があり、正鴻が口にするとすぐに玫香に退けられる理論もある…彼は憤って言った］

この状況を図示すると、次のようになる。

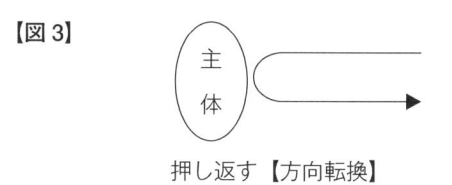

【図3】

押し返す【方向転換】

同様の「押し返す」意味を表す次の2例に見られる"瞪回去"のような視線による働きかけに基づいた発想などは、日本語の複合動詞の語構成

---

[5] "回身、回头、回首"［（いずれも）後ろを振り向く］などに見られるように、ある特定の目的語との組み合わせにおいて、動詞"回"はそれ自体で「向きを変える」という意味を有する。

[6] "驳回"［却下する］は辞書では一語の動詞として扱われている。《现代汉语词典》第5版(2009年)におけるピンイン表記も"收回 shōu//huí"［撤回する］のような場合とは異なり、間に「//」のない"bóhuí"となっている。

には見られないものである。

(19) 天啊，我真不敢再听了，这条条都是针对我的么？坐在旁边的马麟看着我笑，我狠狠地把他的笑容瞪了回去，……

(http://tieba.baidu.com/f?kz=919111799)

［ああ、本当にもうこれ以上聞きたくない。これら1つ1つは、すべて私に対するものなのか？ そばに座っていた馬麟が私を見て笑いかけた。私がこっぴどくにらみつけると、彼は笑顔を引っ込めた］

(20) 我正想哈哈大笑，却看到白素狠狠地瞪了我一眼，把我的笑声瞪了回去，……

(http://www.my285.com/kh/nk/rmzh/07.htm)

［私がまさにワハハと大笑いしようとしたときに、白素にこっぴどくにらまれたので、私は笑い声を引っ込めた］

5.4. 内に押し返す場合

　身体を〈容器〉に見立てた用法は、メタファー研究において広く認められるものである。加えて、中国語では身体部位を媒介とした行為は、しばしば物の出入りとして方向補語"进、出"を用いて表される（例えば"吃进、花出(力气)、吐出、呼出、吸进"など）。その後に続く補語"来／去"については、話者の認識との関係から、次の例のように通常は体内への方向には「消失」を表す"去"、体外への方向には「出現」を表す"来"が用いられる。

(21) 梁曼诚深深地叹了口气，吸进去的烟随之喷了出来：

(《孽债》247)

［梁曼誠は深々とため息をついた。吸い込んだタバコの煙が一緒に吐き出された］

そして内から外に向かおうとする対象を「押し戻す」という意味では、"V回(去)"の形が用いられる。ここで言う内から発生する対象には「言葉」（例(22)）や「声」（例(20)(23)）に加えて、生理現象としての

「涙[7]、あくび」ほか（例（24）～（27））、さらには「表情」（例（19））や「気持ち」（例（28））といったものが挙げられる。

(22) ……刚要说什么，听到咳嗽声，又忍回去了。[8]
　　　(http://www.millionbook.com/xd/f/fengdeying/yingch/018.htm)
　　　［ちょうど何かを言おうとしたとき、咳払いが聞こえたので、また我慢して飲み込んでしまった。］

(23) ……有几个驴噘噘嘴唇想叫喊，可是尾巴摆不动，又噎回去了。
　　　(http://www.xiejiaxin.com/hongse/llyxz/mydoc070.htm)
　　　［ロバの何頭かは唇をとがらせて鳴こうとしたが、しっぽが動くこともなく、また黙ってしまった。］

(24) 眼里有泪光慢慢聚集，将头微微向后仰去，抬头30°，这是个把眼泪忍回去的好办法。
　　　(http://webcache.googleusercontent.com/search?q=cache:ZooFiv8a1cJ:www.bookbao.com/view/201006/07/id_XMTAyMzgy.html+&cd=3&hl=zh-CN&ct=clnk)
　　　［目の中に涙の光が次第に集まったら、頭をわずかに後ろに傾ける。30度顔を上げる。これが涙を押しとどめるよい方法だ。］

(25) 牧乾把个哈欠堵回一半去，用手轻轻拍着口。(《蜕》449)
　　　［牧乾はあくびを半分かみ殺し、手を軽く口に当てた。］

(26) 把嗝儿压回去
　　　［しゃっくりをこらえる］

---

7) 例えば、涙は"涌上来［湧き上がる］、涌出来［あふれ出る］、淌出来［流れ出る］、流下来［流れ落ちる］、掉下来［落ちる］"といった動きで表される。
8) 刘月华主编1998は各種方向補語について、豊富な具体例を示しつつ、その用法を体系的に説明した実用的な文法書である。ただし、例えば"回去"と結び付くものとして"可使物体改变位置的动作行为动词"（266頁）［物の位置を変えることのできる動作動詞］という区分を設けたうえで、その具体例として"搬、抱"などに加えて（本章でも挙げた）"忍、瞪"を挙げているものの（同書268頁もあわせて参照）、この「位置変化」は"忍回去、瞪回去"というフレーズが表すものであり、動詞自身のもつ特徴だとは言い難い。

(27) 把喷嚏憋回去
　　　［くしゃみをこらえる］
(28) 那个小瘦子的嚣张气焰被噎回去了。
　　　　　　　　（http://book.mihua.net/txt/2/2112/2112_11.html）
　　　［そのやせっぽちの激しい気炎はそがれてしまった。］

こうした事象は次のように図式化できる。

【図4】

主体

【図3】【図4】ともに方向転換に主眼が置かれており、【図4】では外に出ようとする対象を押さえつけるという働きかけにより、内側でブロックするというイメージが前景化される。次の例では目や口が、移動の「折り返し地点」として捉えられている[9]。

(29) 几次，泪已<u>到了眼中</u>，她都用力的睁她的大眼睛，把泪截了回去。（《四世同堂：偷生》167）
　　　［何度か涙が目の中まで至ったが、彼女は力を入れて大きく目を見開き、涙が出るのを食い止めた。］
(30) ……这样，话<u>到舌尖</u>，他又缩回了，只是丧气地叹了一口气。
　　　　　　　　　　　　　　　　　　　　　　（《暴风骤雨》72）
　　　［こうして、言葉が舌先まで来ると、彼はまたそれを引っ込め、ただ気落ちしてため息をつくだけであった。］
(31) 她想说"保护你"，可是话<u>到嘴边</u>又咽回去了。
　　　　　　　　　　　　　　　　　　　　　　（《青春之歌》179）
　　　［「守ってあげる」と彼女は言おうとしたが、言葉が口の辺りまで来てまた飲み込んでしまった。］

---

9) 言葉や涙の着点を示した"噎回<u>肚子里</u>"［腹の中に戻す］のような表現が見られる。

(32) 他本想说辛楣怎会请到自己，这话在嘴边又缩回去了；他现在不愿再提起辛楣对自己的仇视，又加深苏小姐的误解。

(《围城》86)

［彼は元々、辛楣がどうして自分まで呼ぶことがあろうかと言おうとし、その言葉が口まで出かけて、また引っ込めた。今は辛楣が自分を敵視することを再び持ち出して、また蘇さんの誤解を深めたくない。］

そして、対象の一部が既に外部に放出されている場合には、中断の意味が前景化される。次の各例では動作量（例 (33)）や（文中で示されている）具体的な言葉（例 (34)〜(36)）から、そのことが読み取れる。

(33) 陈大娘把话说了一半又咽回去了，接着又问，……

(《青春之歌》340)

［陳おばさんは半分だけ話をすると、また飲み込んでしまった。そして続けて、また尋ねた］

(34) 老人半闭着眼说："今年玩了，明年可……"他把后半句话咽回去了。(《四世同堂：惶惑》140)

［老人は半ば目を閉じたまま言った。「今年は遊んだから、来年は…」彼は後の言葉を飲み込んだ。］

(35) "什，"瑞宣把"什"下面的"么"咽了回去。

(《四世同堂：惶惑》207)

［"什……"瑞宣は"什"に続く"么"を飲み込んだ。］

(36) "啊——"他揉着胸口说："没事！没事！"他把话收了回去。

(《四世同堂：偷生》477)

［「あー」彼は胸をさすりながら言った。「何でもない！何でもない！」彼は言葉を飲み込んだ。］

次のような継続を企図する語句（波下線で表示）とともに使われた断念を表す例も多く見られる。

(37) 他还要告诉山木：……可是，他在操场转了好几个圈子，把想好了的话都又咽回去。(《四世同堂：偷生》52)

[彼はさらに山木に言ってやりたかった。(中略) しかし、彼は運動場をぐるぐると何度も歩き回った挙句、頭の中で考えた言葉を飲み込んでしまった。]

(38) 她刚要往下问，一看祥子垂头丧气的样子，车上拉着铺盖卷，把话咽了回去。(《骆驼祥子》54)

[彼女はさらに聞こうと思ったが、祥子のがっかりした様子と車に丸めた布団が積んであるのを目にすると、言葉を飲み込んだ。]

言葉を飲み込む行為については「復路」のみを示した"咽下去"の組み合わせが多く見られ、例 (33)〜(35) および (37) (38) の"咽回去"についても、いずれも"咽下去"と置き換えることができる。

また、語彙的に補語"回"を「さえぎる」意味を表す動詞とともに用いることもできる (例 (29) もあわせて参照)。

(39) "别插嘴，听她说！"大赤包把他的话截回去。

(《四世同堂：偷生》296)

[「口を挟まないで、彼女の言うことを聞きなさい！」カラスウリは彼の話をさえぎった。]

(40) 神父本也想笑一下，可是被一点轻蔑的神经波浪把笑拦回去。

(《四世同堂：惶惑》70)

[神父もはじめ笑おうとしたが、わずかな軽蔑の神経の波により笑いがさえぎられた。]

上で見た「言葉」とは異なり、「涙」については「流れ出る」の前段階である「目にたまった」状態をも出現として捉えることができるため、次の例においては、中断ではなく未放出の状態に対して、"收"[しまう]や"截"[さえぎる] といった動詞が使われている。

(41) 祁老人一气说完，小眼睛里窝着两颗泪。……来到院中，他故意的夸奖那些石榴，好使祁老人把眼泪收回去。

(《四世同堂：惶惑》146)

[祁老人は一気に言い終えると、小さな目には涙がたまっていた。(中略) 中庭まで来ると、彼はわざわざザクロをほめて、祁老人の涙を

引っ込めようとした。］

(42) 她的泪马上在眼中转，……她想控制住自己，用一点最不近情理的笑，把泪截回去。(《火葬》455)
［彼女の涙は、すぐに目の中でぐるぐる回った。（中略）彼女は自分を抑制しようとした。わずかな情理とは言いがたい笑いで、涙をこらえた。］

5.5. おわりに

　以上見たように、補語"回"自体の用法はあくまでも方向義で解釈できるものであり、抽象的な派生義への広がりは認められないものの、言葉・笑い・涙などに方向性を見出して、その取り消しや抑制を"V回"の形で比喩的に表現するという点に、他の方向補語の用法とはまた別の難しさを見出すことができると言えよう。

第6章

動補構造"V 回(来／去)"について

6.1. はじめに

　中国語の方向補語を習得する際の難点の1つとして、各種派生義の用法が挙げられる。この派生義の多寡には補語によって差が見られる（方向補語の用法を網羅的に収録した刘月华主编 1998 では、方向補語の各項目の説明に割くページ数の違いに、そのことが反映されている）。空間認識において中核的な位置を占める「上下」の概念に関わる方向補語"上(来／去)、下(来／去)"には派生義が多く見られるのに対し、"出、进"類では起点・着点が「閉じた空間である」というイメージに束縛されることもあり、派生義は"上／下"類ほど多くはない（あるいは複雑ではない）。さらに本章で扱う"回(来／去)"に至っては、抽象義への広がりが認められず、方向義を表すにとどまる。

　こうしたこともあり、"回(来／去)"については日本人学習者にとって、その用法が難解なものとして取り立てて問題となることはない。しかし、中国語では「同じもの」が「元の位置に戻る」わけではない事態を表すのに方向補語"回"が用いられることもあり（後述例（14）（25）ほか参照）、この場合には日本語の「帰る・戻る」という概念とは対応しない。本章ではこうした用法を具体例とともに概観しつつ、動補構造"V 回(来／去)"の形（V は動詞）で表現される動機づけについて、V が他動詞である場合を中心に考察する。

6.2.「戻る」ということ

動詞"回"を用いて表される「主体が起点から一旦離れて再び元の位置に戻る[1]」という事態は、次の【図1】のようなイメージ・スキーマで示される。

【図1】

```
            往路
 ┌─────┐  ┌──
 │起点=着点│◄─┘
 └─────┘  ┌──
            復路
```

しかしながら、実際には"他回来了。"のような事態を認識する際には、移動の経路（往路・復路）は特に問題とはなっていない。また、次の例のように統語的・意味的に起点（「起点$_2$」とする）を示すことはできるものの、これは移動の全過程から見ると経過点に相当する[2]。

(1) 他从中国回来了。　　【起点$_2$：中国】
　　［彼が中国から戻ってきた。］
(2) 他回去了。　　　　　【起点$_2$：発話場所、彼がそれまでいた場所】
　　［彼は帰っていった。］

この動きを図示すると次のようになる。

---

1)「戻る」という語を用いた場合、通常、起点と着点は同一地点である。例えば「東京から大阪に戻る」では、「大阪→東京→大阪」という2点間の往復を表している。これに対し、「東京から出発して大阪に戻る」だと、同様の動きにはならない。この場合、「東京→海外→大阪」という枠組みで、起点と着点が同じ日本の地であるとの認識から、「同類のもの」として捉えられることになる。
2) 介詞"从"が起点に加えて経過地点のマーカーとして用いられるのは、このような認識に基づくものである。例えば"阳光从窗户射进来"［日の光が窓から射し込んでくる］という例において、事態の捉え方により、"从窗户"は起点、経過地点のいずれにも解釈可能である。丸尾 2005：141 ほか参照。

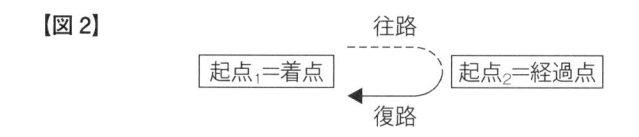

第 6 章 動補構造 "V 回 (来／去)" について

【図 2】

```
          往路
起点₁=着点 ←---- 起点₂=経過点
          復路
```

彼がはじめにいた起点(「起点₁」とする)は着点でもあり、ここでは 2 つの起点と見なされる位置に、それぞれ着点、経過点という意味の重なりが見られる。この「起点₂」が示されることにより、往路は背景化し(以下、このことを図中では点線で示す)、「主体が起点₂(経過点)から着点(=起点₁)に移動」する事態が表されることになる。

また、物理的な移動を状態変化に適用した場合には、元のある状態に回復させるという「原状復帰」の意味を表すことができる(以下、"回" が補語として用いられた例)。

(3) 计划改来改去又都改回去了(《汉语动词用法词典》140)
    [計画は何度も改められ、また元に戻った]

(4) 变回原样(《中国语补语例解》33)
    [元の状態に戻る]

(5) 救回两个小孩儿(《中国语补语例解》268)
    [2 人の子供を救った]

例(5)では "回" があることにより、「死の危機から生への復帰」という推移をその表現の背後に読み取ることができる。

6.3. "V 回 (来／去)" の形を用いて表される移動

6.3.1. 移動するものが「元の位置に戻る」ケース

次の 3 例では、動作の主体(S)あるいは対象(O)が元の位置に戻ることが表されている。

(6) 走回来
    [歩いて戻ってくる]

(7) a. 文件阅后搁回原处(《汉语动词用法词典》147)

　　　　［書類を見た後に元の所に戻す］
　　b. 把逃犯捉回監獄（《中国语补语例解》583）
　　　　［逃走犯を捕まえて刑務所に戻す］

Sの移動を表す例（6）のようなタイプで用いられるVの例としては"飞、跑、爬、游、逃"など、主体の移動時の様態（manner）を表すものが挙げられる。例（7）は「他動詞＋方向補語」の組み合わせである。このときに日本語との違いで重要となるのは、方向補語の部分がOの動きを表すという点である。例えば例（7b）では、日本語では「(逃走犯を) 捕まえる＋(逃走犯を) 戻す」、中国語では「(逃走犯を) 捕まえる＋(逃走犯が) 戻る」という組み合わせになっていることから、「他動詞＋"回"」の形は"回"の使役化という文法的意味を有していると言える。このタイプで用いられるVの例としては"扔、踢、投、夺"などが挙げられる。

　（8）金牌被他们夺回去了（《汉语动词用法词典》117）
　　　　［金メダルは彼らに奪い返された］
　（9）把他喊回来
　　　　［彼を呼び戻す］

そして、この2例とは異なり、次のような場合には該当する対応訳を日本語の複合動詞で表すことができないこともあり、補語"回"の部分に「戻す」という他動詞的な意味をとりわけ自立的なものとして感じ取ることができる。

　（10）把他追回来了
　　　　［彼を追いかけて連れ戻した］
　（11）他把输掉的钱全赢回来了。（《家》157）
　　　　［彼は負けたお金をすべて勝って取り戻した。］
　（12）怎么也得把本钱卖回来（《中国语补语例解》316）
　　　　［どうやってでも売って元手を取り戻さなければならない］

例（12）の"卖"と、その反義語に当たる"买"では、"回"との組み合わせにおいて次のような差異が見られる。

買［+獲得］+ 回 → （対象を）買って 取り戻す
売［+放出］+ 回 → （何かを）売って （対象を）取り戻す

　これらに対し、S＋Oの移動を表す次の例（13）では、Oが元の位置に戻るのかどうかは状況次第である。
　（13）我把行李背回来了。
　　　　［私は荷物を背負って戻ってきた。］
ここで目的語が他人のものであることを明示して
　（13）′我把他的行李背回来了。
　　　　［私は彼の荷物を背負って戻ってきた。］
のようにすると、荷物は元の位置に戻るわけではないという読みが優勢となる。

6.3.2. 移動するものが「元の位置に戻るわけではない」ケース

6.3.2.1.「等価物の移動」を表すケース

　次の例（14）では"回"が日本語の「戻る」に対応せず、また中国語でも主語である"黄豆"が元の位置に戻るわけではない。
　（14）一斤黄豆可以换回两斤豆腐（《中国语补语例解》222）
　　　　［1斤の大豆は2斤の豆腐と交換できる］
このように交換を表すのに"换回"の形が用いられた用例は複数の用法辞典に見られ、常用的な組み合わせだと言える。
　（15）三个啤酒瓶可以换回一瓶啤酒。（『ネイティブ中国語』126）
　　　　［ビール瓶3本はビール1本と交換できる。］
　（16）一两人参只换回一套衣服（《汉语动词用法词典》172）
　　　　［50グラムのチョウセンニンジンで服1着にしかならなかった］
この交換という事象は、次のように図式化できる。

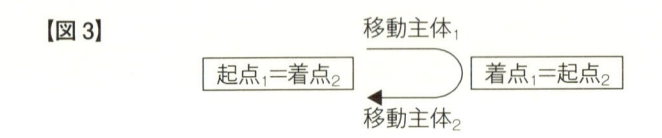

【図3】

```
              移動主体₁
  ┌─────────┐  ──→  ┌─────────┐
  │起点₁=着点₂│ ←──  │着点₁=起点₂│
  └─────────┘       └─────────┘
              移動主体₂
```

ここでは実際には移動するもの（移動主体₁および移動主体₂）は異なるものの、両者は「同類」「等価」という点で同一のものと見なされ、このことが"回"の使用の動機づけとなっているように思われる。この等価物（同質・同類または相応のもの）の典型例としては、以下に見るような「お金」「時間」「行為」などが挙げられる。

【お金】

(17) 只兑换回来七千法郎（《汉语动词用法词典》115）
　　［交換して7,000フランにしかならなかった］

(18) 找回一些零钱（《中国语补语例解》559）
　　［お釣りとしていくらかの小銭をもらった］

【時間】

(19) 难道失去的时间还能再补回来吗？（《中国语补语例解》42）
　　［まさか失われた時間をまた取り戻せるとでもいうのか？］

【行為】

(20) 你说他一句，他还回来十句（《HSK词语用法详解》233）
　　［君が一言言うと、彼は10倍言い返してくる］

(21) 他打来一拳，我还回一脚（《中国语补语例解》222）
　　［彼が1発殴ってきたので、私は1発蹴り返した］

(22) 招回许多麻烦来（《HSK词语用法详解》655）
　　［たくさんの厄介事を招き寄せた］

例（20）のような同一の行為とは異なるものの、例（21）では「応酬」、

例(22)では「因果応報」といった概念が、等価交換という観点から捉えられている。また、

　　(23) 这月多开回半个月的工资(《中国语补语例解》275)
　　　　　　　　・・・・・・・

この例(23)について、原典においては「今月は多く働いたので半月分余分にもらった」(傍点は引用者)という日本語訳がついている。この日本語訳の根拠は推測の域を出ないものの、ここでは"回"を用いることによって表される「働いた分の(当然の)対価・報酬として受け取った」というやり取り(すなわち等価交換)のニュアンスを反映させたものだと思われる。これを次のように"回"をとって"开了"とした場合には、余分に給与をもらった理由として「今月は会社の利益が多かったので…」といった可能性が高い。

　　(23)′这月多开了半个月的工资
　　　　　　　　―――
　　　　　[今月は半月分多く給与が出た]

次も同じく"开回"を用いた例である。

　　(24) 开回一张病假条(《HSK 词语用法详解》304)
　　　　　[病欠届を1枚発行してもらった]

ここでは病欠届を受け取るというOの動きを表すのに"回"が用いられているが(「病欠届を出してもらって持ち帰る」という「S＋Oの移動のタイプ」については後述)、この場合にも「申請して、病欠届けを取得する」という過程に、上記【図3】で見た往復移動のイメージを重ね合わせることができる。

【図3】′

```
                       申請
              ┌─────────→──────┐
   (私などの)主体 ←──            ──  事務の窓口など
              └─────────←──────┘
                      病欠届
```

6.3.2.2. 2つのタイプ

ここで(**6.3.1.**でも見た)「他動詞＋"回"」の形でありながら、「Oが元の位置に戻るわけではない」ケースについて見てみる。

(25) 我让他一到目的地就给我拍回一封电报

(《汉语动词用法词典》269)

［私は彼に目的地に着いたらすぐに電報をくれるように言った］

この例（25）では、彼が電報を打ち返すわけではない（この種の「Oの移動を表すもの」を「①のタイプ」とする）。

また、先の例（13）と同様にS＋Oの移動を表すものの、次の例（26）および（27）ではOが元の位置に戻るわけではない（この種の「S＋Oの移動を表すもの」を「②のタイプ」とする）[3]。

(26) 这也不是她蓓莉的蓬发；……看来，这丝乌发无疑是梦岩带回来的了。(《家教》188)

［これはまた（妻である）蓓莉のぼさぼさの髪の毛ではない。（中略）どうやら、この（別の女性の：引用者注）黒髪は間違いなく、夢岩が付けてきたのだ。］

(27) 儿子焰焰完全被新买回的电子游戏机迷住了，……

(《孽债》54)

［息子の焰焰は新しく買ってきたテレビゲームに完全に夢中になっており］

ここで、例（27）でも用いられているフレーズ"买回"について見てみると、その移動するものに基づいて多義となる[4]（ここでは単独のフレーズとして安定した"买回来"の形で示すこととする）。

---

3) S＋Oの移動については、例（26）および（27）の「S：戻る／O：戻るわけではない」というパターン以外に、次のような「S：戻るわけではない／O：戻る」というパターンも見られる。

"先生，我送回你去吧？"(《骆驼祥子》62)

［「先生、私がお送りしましょう。」］

4) 次のような表現も各パターンに基づき、多義となる。
  a. 退回
    ［退却する【Sの移動】／返却する【Oの移動】］
  b. 这是他骗回来的东西(《汉语动词用法词典》284)
    ［騙して取り戻す【Oの移動】／騙して持って帰ってくる【S＋Oの移動】］

买回来：買い戻す【Oの移動】～ 買って帰ってくる【S＋Oの移動】

この後者の意味「買って帰ってくる」については、日本語で考えた場合には継起的な行為として「買う」「帰ってくる」ともに主体の行為（「帰ってくる」は主体の移動）と捉えられているのに対し、中国語では目的語を"把"で前置できることもあり（杉村1991：109参照）[5]、"回来"は対象の動きであるという点に違いが見出せる。刘月华主编1998においても

(28) 爸爸买回来一些水果。(爸爸 ― 买，水果 ― 回来)

（刘月华主编1998：3）

　　　［父がいくつか果物を買って帰ってきた。］

のような記述が見られ、"回来"の主体は"水果"であると見なされている。ただし、ここでは果物は「元の位置に戻る」わけではない。このことに関して、杉村1991は「他動詞＋"回来／回去"」という形の表す意味を、次のように説明している。

　Ⅰ．行為の対象となる事物が，もとあった（居た）場所に戻って（帰って）来る（行く）。
　Ⅱ．行為の対象となる事物が，<u>行為者の居住地</u>に移動して来る（行く）。

（杉村1991：108　下線は引用者）

ここでは、Ⅱの意味では「戻る」とは言えない。荒川2005でも「実際は"买回来"＝『買って帰ってくる』ではない」（139頁）と述べられ

---

5) 次の「主体の動き」を表すaの例に対し、目的語"车"を"把"で前置したbの例では「車の動き」に言及することになる。
　　a. 开车回了家
　　　［車を運転して家に帰った］
　　b. 可他毕竟没有这么干，把车开回了家。(《北京人在纽约》230)
　　　［しかし彼は結局そのようにはせず、車を家まで運転した。］

ている。

　以下、主に問題とするのは、"回"が用いられているにもかかわらず、「O が元の位置に戻るわけではない」パターンである。続く **6.4.** では、上で区分した「①②のタイプ」に基づいて分析を試みる。

6.4. 用例分析

6.4.1. ①のタイプ（O の移動）

　同じく「他動詞＋"回"」の形をとった次の例が先に見た例 (8)～(12) のタイプと大きく異なるのは、対象（O）が元の位置に戻るわけではないことであり、この点、"回"を「帰る」という日本語訳との対応で捉えてしまう日本人学習者にとっては、非常に理解しにくくなっている。

(29) 儿子已经睡了，手里还拿着妈妈从英国寄回来的玩具。

(荒川 2005：138)

　　　［息子は既に寝てしまった。手にはまだ母親がイギリスから送ってきたおもちゃを持っていた。］

ここでは「送り返してきた」の意味にはならない。荒川 2005 で扱われている"寄回来"の組み合わせ以外に、このタイプの対象の移動を表す"V 回 (来)"の例としては、他に次のようなものが挙げられる。

(30) 这是卫星发回的电波（《汉语动词用法词典》120)

　　　［これは衛星が送ってきた電波だ］

(31) a. 刚离家两天就挂回来一个长途　（《汉语动词用法词典》154)

　　　［家を離れて２日としないうちに、もう長距離電話をかけてきた］

　　b. "她应该打个电话回来呀！"（《北京人在纽约》167)

　　　［｢彼女が（こちらに）電話をかけてくるべきよ！｣］

　　c. 今天估计沈若尘会打电话回家，她又转回家来，……

(《孽债》416)

　　　［今日は沈若塵が家に電話をかけてくるだろうと思い、彼女はまた家に戻ってきた］

(32) 拍回一封加急电报（《中国语补语例解》340）
　　　［至急電報を打って寄こした］
(33) 方鸿渐在外国也写信回来，对侄儿的学名发表意见，说……
　　　　　　　　　　　　　　　　　　　　（《围城》120）
　　　［方鴻漸も外国から手紙を書いて寄こし、甥の正式な名前に意見を出して、（次のように）述べた］

例えば例（31c）や（33）では、それぞれ沈若塵と方鴻漸が、今は離れた自分の元いた場所（ホーム）に電話をかけたり、手紙を寄こしたりすることが表されている。こうした事象を図式化すると、次のようになる。

【図4】

　　　　　　　　　Ｓの移動
　　｜起点₁＝着点₂｜　　　　　｜着点₁＝起点₂｜　…行為(V)の場所
　　　　　　　Ｏの移動（放出される）

Ｓの移動の着点₁（＝Ｏの移動の起点₂）は、Ｖで示される主体の行為の場所である。Ｏの移動は、Ｓが起点₂において「放出する」という強い働きかけによって引き起こされる。そのＯの移動先（すなわち着点₂）はＳのホームであり、"回"は「対象の主体のホームへの移動」を表していると言える。上記例（29）について、荒川2005は「（前略）"寄回来"では、ウケテがシテの仮想の趨向（"回"）を借りる（後略）」（138頁）と述べているが、【図4】において、Ｏの移動の原動力にＳの意志を読み込んでＯをＳの代替と見なすことによって、先の【図3】との共通性を見出すことができる。

6.4.2. ②のタイプ（Ｓ＋Ｏの移動）

「Ｓが戻る／Ｏは元の位置に戻るわけではない」の組み合わせとなる代表的なフレーズとして、"买回来"が挙げられる。

(34) 以前他们从香港买回来的东西我都觉得潇洒。
　　　　　　　　　　　　　　　　（『ネイティブ中国語』186）
　　　［以前彼らが香港から買ってきたものは、私はどれもしゃれているよ

うに思う。]
このときのSおよびOの移動は、次の図のように表される。

【図5】

```
                    Sの移動
        ┌─────────┐ ┌ ─ ─ ─ ─ ┌─────────┐
        │起点₁＝着点₂│◀━━━━━│着点₁＝起点₂│  …行為(V)の場所
        └─────────┘      └─────────┘
                    S＋Oの移動（一体化）
```

以下、このイメージ・スキーマで捉えられる移動に相当する"V回"を取り上げて、Vの有する語義を「獲得義」「分離義」「様態義」の3つに区分したうえで、それぞれの事象について見ていく。

6.4.2.1. 獲得義

"V回(来／去)"の形で用いられる獲得義を表すVとしては、"买、借［借りる］、钓、捡、租、拾、接［迎える］……"などが挙げられる。このOが元の位置に戻ってくるわけではない現象（ここではその代表例として"买回来"）について、荒川2005は「"买回来"（買って帰ってくる）にシテがまったくかかわっていないのではなく、いわばウケテにシテの"回来"という現実の趣向を与えているのである」(139頁)と述べている。以下、このパターンについて具体例で見てみる。

(35) 俘虏回两名敌人（《汉语动词用法词典》138）
　　　［敵を2人捕虜として捕まえて戻った］

(36) 爸爸又钓回来两条小鱼。（『中国語』1995.12 p.29）
　　　［父がまた2匹小魚を釣って戻ってきた。］

(37) 从仓库里偷回来一些工具（《中国语补语例解》465）
　　　［倉庫の中から道具をいくつか盗んで戻ってきた］

(38) 从外国抱回一个女孩来（《HSK词语用法详解》20）
　　　［外国から女の子を1人養子にもらってきた］

(39) 把规定抄回来（《HSK词语用法详解》65）
　　　［規定を写して戻ってくる］

(40) 把那里的风景拍回来（《汉语动词用法词典》269）

[そこの風景を撮って戻ってくる]

ここではOの移動は放出を表す上記「①のタイプ」とは異なり、Sと一体化している。

また、動詞"調査、打听、学"なども「成果の獲得を目的とした行為」であるという点で獲得に準じるものであり、これらを"V回来"の形で用いた場合には、求めていた情報や知識を持ち帰るという「結果の達成」まで含意することが可能となる。

(41) 有关情况都调查回来了（《中国语补语例解》126）[6]
　　　[関連のある事情は全部調べて戻ってきた]
(42) 这条消息他刚从外面打听回来（《汉语动词用法词典》82）
　　　[この情報は彼がたった今、外で聞いてきたものだ]
(43) 学回一点儿真本领（《汉语动词用法词典》425）
　　　[少しばかり真の技量を学んで帰る]

次の例（44）に見られる"排足球票"は「チケットを手に入れるために並ぶ」という目的語が動作・行為を行う目的を表すフレーズであり、ここでも上と同様の原則により、"排回来"の形で対象の取得の意味が表される。

(44) 排回两张足球票来（《中国语补语例解》341）
　　　[列に並んでサッカーのチケットを2枚手に入れてきた]

6.4.2.2. 分離義

次の2例は、Vが対象を元の場所から引き離す（分離させる）意味を表すものである。

(45) 把布告揭回来了（《汉语动词用法词典》203）
　　　[掲示をはがして持って帰ってきた]

---

6) 島村2007は「2音節動詞＋"回"」の形に「述補構造」と「述連構造」（それぞれ、いわゆる「動補構造」と「連動構造」に相当：丸尾注）の二義があるとしている。
　　跟踪回来了。[{後をつけて（述補）／尾行を終えて（述連）}戻って来た。]
　　　　　　　　　　　　　　　　　　　　（島村2007：263　体裁は引用者）
2音節動詞が用いられた例（41）および（42）は、動補構造としてそれぞれの原典に収録されているものである。

(46) 把外面捆在树上的绳子解回来（《汉语动词用法词典》205）
　　　　［外の木に縛ってある縄をほどいて<u>持って</u>帰ってくる］

ここではそれぞれの例の日本語訳を (45)「はがして帰ってきた」、(46)「ほどいて帰ってくる」としただけでは、対象に対する言及が不十分であるが故に、例えば例 (46) であれば「ほどいた縄はそこに置いてくる」という解釈も成立する。2つの行為（ほどく、帰る）の継起性からの推測に基づいて対象の付随を含意することも可能ではあるものの、そのことを補語"回"で明示した中国語のニュアンスを表すには、(日本語訳の二重下線で示したように)「持って」などを加える必要がある。ここでも「他動詞＋"回"」という形が移動を引き起こすことになる(**6.3.1.** 参照)。以下、同様の例である。

　　(47) 砍回几捆柴（《汉语动词用法词典》219）
　　　　［柴を幾束か刈って（持って）帰った］
　　(48) 他从同事家里剪回一枝月季（《汉语动词用法词典》189）
　　　　［彼は同僚の家からコウシンバラを1本切って（持って）帰った］
　　(49) 掐回一把花儿（《汉语动词用法词典》295）
　　　　［花を1束摘んで（持って）帰った］
　　(50) 南瓜摘回来了（《汉语动词用法词典》452）
　　　　［かぼちゃをもぎ取って（持って）帰ってきた］
　　(51) 拔回去一捆菠菜（《中国语补语例解》7）
　　　　［ほうれん草を1束引き抜いて（持って）帰った］
　　(52) 挖回几个土豆（《汉语动词用法词典》396）
　　　　［じゃがいもをいくつか掘って（持って）帰った］

6.4.2.3. 様態義

　次のような例では、主語（"他"）と所有者が異なることを積極的に表すマーカー（ここでは"我的"）があることにより、通常、雑誌は元の位置に戻っていくわけではないという解釈が優勢である（例 (13)′もあわせて参照のこと）。

(53) 他把我的杂志带回去了。
　　　［彼は私の雑誌を持って帰った。］

同様に「②のタイプ」として用いることのできる動詞としては、"运、拖、驮、拉、拿、牵、抬、提、挑"など対象に対する働きかけを表すものが挙げられる。これらを"回(来／去)"と組み合わせた形は、**6.4.2.1.** で見た"买回来"および **6.4.2.2.** で見た"揭回来"のような先後関係を表すものではない。意味的には **6.3.1.** で言及した「様態」と同類の「手段・方式」に準じるものであり、"跑、爬、游"などの場合と同様に、"V 着回"の形で用いることができるものも見られる（例：拿着回去、抬着回去）。以下、具体例を挙げる。

(54) 叼回一只鸡（《HSK 词语用法详解》126)
　　　［ニワトリを1羽くわえて戻った］
(55) 他把人家的工作服穿回来了（《汉语动词用法词典》61)
　　　［彼は人の作業着を着て帰ってきた］
(56) 用手绢儿包回一个面包（《汉语动词用法词典》13)
　　　［ハンカチでパンを1つくるんで持ち帰った］

　以上、**6.4.2.** では各動詞の語義特徴に基づいて、SがOを伴って移動するものの、Oは元の位置に戻るわけではない3つのタイプについて見た。例えば次の同じく"套回"を用いた例では、対象の違いがタイプの違いを生み出している。

(57) a. 套回一只小松鼠（《汉语动词用法词典》362)
　　　　　［小さなリスを1匹わなにかけて捕まえて戻った」
　　 b. 你去把那匹红鬃马套回来（《汉语动词用法词典》362)
　　　　　［あの赤いたてがみの馬に縄をつけて戻ってきなさい」

例 (57a) は **6.4.2.1.** で見た獲得義を、(57b) は上述の様態義を表すタイプにそれぞれ区分される。

　またこの3つとは別の「②のタイプ」も見られる。次の例 (58) は先に挙げた例 (24) の再掲であるが（ただし、日本語訳は異なる）、この

形は実際には（24）で見た O の移動を表すという解釈よりも、「持ち帰る」という S＋O の移動を表す解釈の方が優勢となる。

(58) 开回一张病假条（《HSK 词语用法详解》304）
　　　［病欠届を1枚発行してもらって持ち帰った］

この場合、"开"［（証書類を）書く］が第三者の行為である点が上記の②タイプのパターンとは異なるものの、やはり補語"回"の使用によって取得の意味が含意されるようになる。

6.5. おわりに

以上、「他動詞＋方向補語」における方向補語の部分は対象の動きに言及したものであるという動補構造の性格に基づき、補語に"回（来／去）"が用いられているにもかかわらず、対象が元の位置に戻るわけではないケースを中心に見てきた。考察の際にはその移動物に着目し、「同類・等価」（**6.3.2.1.** 参照）、「代替」（**6.4.1.** 参照）、「S＋O の移動」（**6.4.2.** 参照）といった観点から"回"の使用によって形成される「往復」という事象について論じた。**6.4.2.1.** で見た獲得義を表す V を用いた場合には、主体の動きに付随するものであるが故に、対象の移動という概念は希薄に感じられるものの、例えば本論でも扱った"买回来"について、その目的語の位置を論じた王国栓 2005 にも、以下のような記述が見られる[7]。

---

[7] 先の注3で見た動補構造が用いられた"我送回你去"とほぼ同義となる"我送你回去"は兼語式と見なされ、目的語の位置によって構造に差が生じる。同様に目的語が"买"の後に置かれた"买烟回来"の形はしばしば連動構造と見なされるものの、朱徳熙1982は「複合方向補語を含む動補構造が伴う（不定の）O の位置」として次の3つのタイプを挙げている。
　　拿了一本书进来［本を1冊持ち込んできた］
　　拿出一本书来［本を1冊取り出す］
　　拿出来一本书［本を1冊取り出した］
　　　　　　　　　　（朱徳熙1982：129　下線および体裁は引用者）
例（31b）や（33）も動詞の後に目的語が置かれた動補構造である。

"买烟回来"的"回来"是指买烟者回来，"买回烟来"的"回来"是"烟"回来

（王国栓 2005：198）

["买烟回来"［タバコを買って帰ってくる］の"回来"はタバコを買った人が帰ってくることを指し、"买回烟来"の"回来"は"烟"［タバコ］が帰ってくるということである］

後者"买回烟来"の形を見ると、例（28）における刘月华主编1998の指摘と同様、やはりここでも対象物の"烟"が「戻る」と捉えられている。また、次のような何が移動するかによって多義となる例も見られる。

(59) 选回一头牡牛（《汉语动词用法词典》423)

　　　［雄牛を1頭選んで帰った］

ここでは牛を選んでそのまま連れて帰るという「S＋Oの移動」（**6.4.2.1.** のタイプ）に加えて、牛を購入したものの、実際には連れて帰らないという場合も考えられる。もっともこの場合にも、所有権を伴った移動と見なすことも可能であり、これを「Sのみの移動」とするには、やはり抵抗が感じられる。

第7章

"过"の表す移動義について

7.1. はじめに

　動詞"过"の表す基本義は「通過」であり、それが補語として用いられた場合にも、次の例（1）のようなものがその典型例としてしばしば示される。
　　（1）从桥上走过
　　　　　［橋を渡る］
　一方、以下の例では通過域が均質な空間となっているために、そこに仕切り（通過の基準点）を導入することができず、"过"に対応する日本語は現れない。
　　（2）前面走过来了一个人。
　　　　　［前から人が1人やってきた。］
　　（3）把手伸过去
　　　　　［手を伸ばす］
　　（4）接过奖状
　　　　　［賞状を受け取る］
杉村 1983a はこのようなケースに見られる"过"の表す意味を解釈するのに、「空間の質的対立」[1] を導入した「向こう」と「こちら」という心理的な境界を設定している。これは広く派生義まで含めた"过"の用法を統一的に捉えようとする視野に立ったものであるものの、距離とい

---

1) 杉村 1983a：33 の用語。

う感覚と相容れない例（3）（4）のケースまで含めた中国人のこのような空間認知を把握することは、中国語学習者にとって容易なことではない。

本章ではこうした明確な境界を設定できないが故に日本語では訳出されない"过"の空間的用法を中心に、プロファイルという観点から"过"の表す移動義について考える。

7.2. "过"の表す移動

7.2.1. 3つのタイプ

移動とは時間の推移とともに位置が変化する事象であり、そのイメージ・スキーマは次のように図式化できる。

○　　──→　　○

【起点】　【経路】　【着点】

補語"过"は《现代汉语八百词》（増訂本）でも"表示人或事物随动作从某处经过或从一处到另一处"（245頁）［人や事物が動作によってある場所を通過すること、あるいは、ある場所から別の場所に移ることを表す］と述べられているように、この位置変化を異なった側面から捉えたものである。すなわち、記述の前半部分はその移り変わりを連続的に捉えたものであり、この場合、その経路がプロファイルされることになる（下記（ⅰ）（ⅱ）のケース）。これは"走过来、跑过来、飞过去"など様態移動動詞と組み合わさったフレーズに代表される。この形は主として事態を描写するのに用いられる。一方、記述の後半部分は当該行為の前後における起点と着点が強く意識されたものであり、上述の例（4）がこれに相当する（下記（ⅲ）のケース。詳細は **7.3.1.** で考察する）。これらを図式化すると、次のようになる（点線はその部分が背景化していることを示す。以下、本章で用いる（ⅰ）～（ⅲ）はこの区分を指す）。

（ⅰ）　　　○　――――→　○　　　　　例：向小李走过来

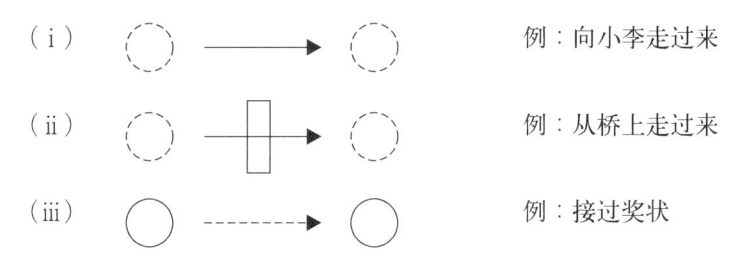

（ⅱ）　　　○　――┼―→　○　　　　　例：从桥上走过来

（ⅲ）　　　○　------→　○　　　　　例：接过奖状

　（ⅰ）は参照点の導入されていない移動である。"从马路上走过"［大通りを通る］や"一路风景看过来"［道中景色を見ながらやって来る］のような経路に沿った動きが、これに相当する。"V 过"（Ｖは動詞）の"过"自体が典型的には主体の移動の過程の意味を表すため、往々にしてそれに伴う距離感が意識されることとなる。

　（ⅰ）の均質な経路上の一部に（異質な）区切り・参照点が導入された場合には、それが移動主体の動きを直接的（例：跳过墙(去)［壁を飛び越える］）あるいは間接的（例：从眼前走过［目の前を通り過ぎる］）に規定するが故に、認知的な際立ちという意味で移動の過程の最も特徴的な事態を捉えて、（その部分の）「通過」と認識することになる（（ⅱ）のケース）。中でも前者のように経路上に存在するもののうちで、「橋、トンネル、階段」のようなものは、本来的に境界の存在を前提とした異領域をつなぐものとしての機能を有しているため、通過義そのものが前景化されることになる。

　ある区域の通過を移動の前提とする方向動詞には、"过"に加えて"出、进"が挙げられる。"过"を用いた場合には境界が強く意識されており、"出、进"では内外（異空間）の対立という概念により起点、着点がそれぞれ閉じた領域であることが使用条件となっている。こうした認識により、「血がにじんできた。」という日本語に相当する次の中国語の表す意味に差が生じる。

　　　(5) a. 血渗出来了。
　　　　　b. 血渗过来了。

例 (5a) では、血が皮膚ににじみ出てきた状況、および服や包帯などの

体を覆うものからにじんできたといった状況が表されることになる。これらは起点が内部にあるという認識に基づくものである。一方、例（5b）では例（5a）に見られる後者の状況に加えて（ただし、この場合には境界の通過という認識（ⅱ）に基づく）、さらに発話者の方へ血が（絨毯などを伝って）接近してくる状況（ⅰ）が表される。ここからも、"过"の有する経路に関する2つの側面を読み取ることができる。

7.2.2.（ⅰ）（ⅱ）のケース

ここでは（ⅰ）（ⅱ）の通過義のケースについて考える。

一般的に、通過義は軌道、通過場所の形状・機能（例：壁、橋、道、空など）および位置関係（例：接触の有無）といった要素によって特徴付けられる。中国語では通過義を表すのに、統語的には直接目的語をとった"过＋L"（Lは場所を表す語句）やそれに準じる"V过＋L"の形、および介詞を用いた"从＋L＋（V）过"などの形が用いられる。ただし日本語では格助詞ヲを用いて経路を表すことが可能であるのに対し、中国語では直接目的語に空間を表す語句がくることはできない。

(6) 过了｛银行／公园／火车站｝就是邮局。
　　［｛銀行／公園／駅｝を過ぎれば郵便局だ。］
(7) *过树的旁边（／?走过树的旁边）→ 从树的旁边走过
　　　　　　　　　　　　　　　　　［木のそばを通り過ぎる］
(8) *飞机过我头上去了。→ 飞机从我头上过去了。
　　　　　　　　　　　　　　　　　（高橋2005：83）
　　　　　　　　　　　　　［飛行機が私の頭上を越えていった。］
(9) *他们走过新华书店前边了。
　　　　　→ 他们从新华书店前边走过去了。
　　　　　　　　　　　　　　　　　（高橋2005：75改[2]）
　　　　　　　　　　　［彼らが新華書店の前を通り過ぎた。］

2）原文では、矢印の右側の例は"他们从新华书店前边走过了。"となっている。

この中で、"过"の目的語となれる例（6）の"银行、公园、火车站"などは場所性に加えてモノとしての側面を有しており、こうしたことから中国語では対象的な結び付きとしての性格が強く読み取れる[3]。例（7）～（9）のような空間義が前景化された場所の通過を表すには、通常"从"を用いて、空間的な結び付きとする必要がある。

通過の対象が「壁、橋、山、天津（地名）」など明確な区切りを有するものである場合には（ⅱ）的に捉えられるものであるが、それが広大無辺の空間である「空」や、細長い形状を有する「道、川」といったものの場合には、（ⅰ）と（ⅱ）両方の方法での認識が可能である。これを区分するには、「移動経路に参照点を導入」する手段がしばしば用いられる。

(10) a. 大空を飛ぶ 　　：（ⅰ）的　　　　例：从天空飞过
　　 b. 街の上空を飛ぶ：（ⅱ）的　　　　例：从城市上空飞过

例（10b）では基準物が導入されている。また「移動経路自体に区切りを見出す」という手段によっても、両概念は区別しうる。例えば"从马路上走过"には、次の2通りの意味が存在する。

(11) a. 道を通る：（ⅰ）的
　　 b. 道を渡る：（ⅱ）的

例（11a）は道に沿った移動であり、ここでは先端は意識されていない。例（11b）は横切る動きであり、これは先に見た"过马路"という対象的な関係で表されるものと等しい。

範囲が限定できる通過場所は「越えるもの」として"过马路、过河、

---

[3] 方美麗 2004：73 - 74 は"过"が"电线杆、树的旁边、我的身旁"など「狭い範囲」を表す語と組み合わさらないことを根拠に、"过"はプロセスのみを表すもので通過の完了まで表すものではない旨記述しているが、この中に見られるモノとしての"电线杆"については、次のような例では成立する。
　　过了电线杆往右拐就是书店。
　　［電柱を過ぎて右に曲がれば本屋だ。］
　　こうしたことからも、動詞"过"との結び付きについては、対象のモノ・トコロという性質が主として関わっているものと思われる。

過大海"のような形をとることができるが、それ自体では明確な輪郭を有さない「空」は直接的な通過の対象として捉えることができない。

 (12) *过天空 [4)]

そして例 (11a) のような横断的ではない動きであっても、このVLの形を用いて区切りを導入することは可能である。

 (13) 过了这条街就到了（《现代汉语八百词》（増订本）245）
   ［この通りを過ぎるとすぐに着く］
 (14) 过了弯道一直走就是公园。
   ［カーブを過ぎてまっすぐ行くと公園だ。］

例 (13) では、"这条"によって区間が限定されている。具体的な名称（例えば"王府井大街"）を用いた場合にも、これと同様の機能を有する。また例 (14) では、道路の一部分の形状により範囲が限定されることになる。

7.3.　使役移動

7.3.1.　(ⅲ) のケース

他動詞の後ろに"过"を付加することにより、対象の移動が表される。

 (15) 他拿过毛巾擦了擦脸。（≠ 拿毛巾）
   ［彼はタオルを取って顔を拭いた。］
 (16) 他抓过毛巾把身上的汗擦了擦。（→ ??抓毛巾）
   ［彼はタオルをつかみ取って体の汗を拭いた。］

例 (15) を"拿毛巾"とすると「タオルで」という道具・手段の意味を表すことになる。この2例においては 7.2.1. で見たような移動の過程

---

4) これは"飞过天空"の形では成立する。主体の移動を表す方向動詞の中で、本動詞として用いられた場合には目的語との結び付きが制限されるものの、補語として用いられるとその目的語とも結び付くようになるようなものに、"出"も挙げられる（本書第4章の **4.2.** を参照）。
  例：?出教室 → 走出教室 ［教室を出る］

（ⅰ）（ⅱ）というものが取り立てて問題となることはなく、当該行為の前後における対象の位置変化が焦点化される。これは次の（ⅲ）のように図式化できる（再掲）[5]。

（ⅲ）　　◯　--------▶　◯

同様の典型的なケースとして、次のような「（2者間における）やりもらい」を表すフレーズが挙げられる。

(17) 递过［手渡す］　　接过［受け取る］　　夺过［奪う］

こうした動きは起点および着点という2点の存在を浮かび上がらせるものであり、これは（ⅱ）のケースとは形の異なる「境界」の実現であると言える[6]。杉村1983aで言うような境界を設定・意識することも、この対立項を生み出す動機づけにつながる。

ここで対象を伴った主体の物理的移動を表す"买来"というフレーズを取り上げてみると、次のような対象が移動できないものの場合には"买过来"を用いなければならない（荒川1994：78および荒川2005：141の注11もあわせて参照）。

(18) a.　买来了一个西瓜
　　　　　［スイカを1つ買ってきた］
　　 b.　?买来了一套公寓
　　　　　［?マンションを買ってきた］
　　　→ (从房地产公司)买过来了一套公寓

---

5) 厳密な意味では例（15）（16）では、経路に加えて起点（タオルの元あった場所）も背景化されている。しかし、経路が前景化された（ⅰ）（ⅱ）との対比という考察の便宜上、ここでは起点は言語化されていないものの、想定可能なものとして一括して（ⅲ）のように示す。
6) （ⅲ）の表す二項対立のイメージ・スキーマは、次のような派生義にも適用しうるものである。
　　　晕过去　─　醒过来［気を失う　─　意識を取り戻す］
　　　死过去　─　活过来［気を失う　─　気が付く］
　　　睡过去　─　醒过来［寝入る　─　目が覚める］

[（不動産会社から）マンションを買った］

"过"があることにより、（過程が前景化されない）所有権の移動を表せるという点では、ここでも同様に上記（ⅲ）の概念が当てはまると言える。以下、"租过来"のケースもあわせて、実例を挙げておく。

(19) 1989年年底，当索尼公司决定从可口可乐公司手中把电影制片厂<u>买过来</u>时，一切看上去都合情合理。（CCL 语料库）
　　　［1989年の末に、ソニーがコカ・コーラの手から映画制作会社を買い取ろうとしたときには、すべてが人情や道理にかなうかのように思われた。］

(20) 他们赶快通知了总务部，总务部即马上去把它<u>租过来</u> ── 这就是张家花园六十五号，我们的新会所。
　　　　　　　　　　（《中华全国文艺界抗敌协会会务报告》636）
　　　［彼らがいち早く総務部に知らせると、総務部はすぐにそれを借り上げた ── それが張家花園65号、私たちの新たな事務所である。］

7.3.2. 位置変化に対する認識

"过"が補語として用いられた他動詞的なフレーズで表される使役移動としては"踢过去［蹴る］、推过去［押す］、伸过去［伸ばす］"などが挙げられるが、これらは対象の位置変化に対する認識の差異により、次のように区分できる。

①類：踢过去（対象の独立した動き）【移動】　　例：扔、邮、寄、送
②類：推过去（対象との接触）　　　　　　　　　例：递、接、抱、翻
③類：伸过去（対象は主体の一部）【状態変化】
　　　　　　　　　　　　　　　　　　　　例：回头、侧身、转身、扭头、掉头

ここでは、対象の動きは補語の部分"过去"によって表される[7]。①類は対象の独立した動きが表されている点で移動的である。②類は移動の際に対象物と行為者が持続的に接触しているケースである。**7.3.1.**で見

たやりもらいも、この②のケースに帰属する。さらに同類の"翻页"［ページをめくる］では対象自体が一部固定されていることもあり、非移動的な要素がより強くなる。③類は対象自体が切り離せない体の一部となっているために、状態変化的に捉えられることになる。以上の要因により、「① → ③」へと対象の独立性（離脱性）が下がっていることが見て取れる。

　こうした区分をもとに"过"の表している意味について見ると、例えば

　　（21）把球发过去
　　　　　［ボールをサーブする］

例（21）が使用されるのは卓球、テニス、バレーボールなどの場合であり、このときボールの軌道上にネットという明確な区切りを想定できるものの、インフォーマントの感覚では"过"によって「その部分の通過」という認識（ⅱ）が取り立てて前景化されているわけではない。これは例えば、この場合にはコートの片面のみを使用したネットを介在させない状態でのボールのやり取りが成立する事情にもよる。すなわち例（21）はあくまで、次のような面と向かってのやり取りのケースと同様の（ⅰ）的な均質な空間における軌跡として捉えられているにすぎない。

　　（22）把球扔过去
　　　　　［ボールを投げる］

　次に、移動的な認識が低下する"回过头、侧过身、翻过一页"などについて見ると、この"过"は、《现代汉语八百词》（増訂本）では"表示物体随动作改变方向"（246頁）［物が動作によって方向を変えることを表す］とされている。一方で、この意味は"过"の前に置かれた"回、侧、转

---

7) 方向補語を付加したフレーズを単独で示すとき、"坐下、放下"など一部のものを除いて、目的語がない場合には、通常"来／去"の付加が統語的に必要となる。これに関連して日本語との対比で見ると、"踢过来"は「蹴ってくる」であるのに対し、"踢过去"を日本語では「*蹴っていく」とは言わずに「蹴る」という方向性の現れない一般的な行為の形で表現する。これは本来的に動作者の視点がとられているからである。例（21）（22）の日本語訳もあわせて参照。

……"などの動詞自体が本来的に有するものだとする先行研究も見られる（朴鐘漢2000：30参照）。しかし、"回(头)、转(身)"などはあくまで主体の動作という観点からの表現であって、"过"の付加はこれに対象の位置変化という概念を反映させたものである。この性格により、例えば①類の動作動詞"扔"のみでは対象の移動は方向が不明であるのに対し、補語が加わった"扔过去"では一定方向への軌跡のイメージが喚起されうる。ただし③類に区分されうるものについては、動作主体の存在位置自体が変化しない体の一部の動きということもあって移動的に捉えられず、"过"の有無による意味の差異は見出しにくい。

　この③類に属する"回过头、转过身"などにおける"过"の表す意味解釈については、杉村1983a：36では「むこうむき」と「こちらむき」というあくまで異領域間の移行を生み出す境界の概念が用いられており（本章で言う（ⅱ）のパターン）、一方、朴鐘漢2000：29－30では（短い距離の）移動（本章で言う（ⅰ）のパターン）として捉えられている。このように解釈の方法に揺れは見られるものの、

(23) a. 倒过来　──　正过来
　　　　［(上下まわすようにして) ひっくり返す　──　元に戻す］
　　 b. （把信封）翻过来　──　翻过去
　　　　［(封筒を) 表にする　──　裏にする］

のような例も含めて、これらは「主体あるいは対象の存在位置自体は変化しないという前提での移動」という認識から、（その場における）方向転換の意味に容易に結び付くことになる[8]。

7.4. "过来／过去"

7.4.1. "过"と"来／去"

　いわゆる方向動詞"上、下、进、出、回、过、起"などの中で"过"は他のものと異なり、それ自体で確定的な方向性を有するものではない。これに相対的な方向を付加した"过来／过去"を述語動詞として用

いた次の例は、多義となる。

 (24) 他已经过来了。
  a. 着点（goal）への到達（＝"他已经来了。"）
  b. こちらに向かってくる途中
   例：他已经过来了，但是还没到呢。
    ［彼はもうこちらに向かっているが、まだ着いていない。］
 (25) 车刚过去。
  a. 離脱［車はたった今、行ってしまった。］
  b. 通過
   例：车刚从眼前过去。［車が今しがた目の前を通り過ぎた。］

例（24b）（25b）の意味は、"过"の表す動作の連続性を要請する移動の過程という性格によるものである。例（25a）はその場からの離脱を表す例だが"车刚走。"とは異なり、この場合、始発点ではなく途中のバス停などに発話の場面が限られており、これも全体の流れという観点から通過の一種として認識されている。

　刘月华主編1998：36には"来／去"が"走、跑"などの自動詞の後ろにくると、そのフレーズは統語的にあまり自由に用いられるものではなく（原文：在句法結构方面不大自由）、通常"朝、向、往"などの介詞を用いた状語の付加が必要になる旨、記述が見られる。そうした統語的な制約もあって、次の例（26）（27）のような単独で述語として用い

---

8) 英語では、空間辞 over の意味ネットワークの構築に関する研究が知られている。例えば jump over the fence［フェンスを飛び越す］における「（上を）越える」を意味する over は、次のような拡張的な意味でも用いられる。
 The fence fell over.（レイコフ 1993：534）
 ［フェンスが倒れた。］
 He turned the page over.（タイラー他 2005：124）
 ［彼はページをめくった。］
これは認知意味論的には、トラジェクターとランドマークが同一個体となった「再帰的トラジェクター」という概念で解釈されるものである（レイコフ 1993、Dewell 1994 等参照）。中国語でも、これと平行して"跳过栅栏"［柵を飛び越える］における通過義を有する"过"が、"倒过来、翻过来"のようなフレーズでも用いられる現象が見られることは興味深い。

られた"V过来／V过去"を"V来／V去"とすると容認度が下がる。
　(26) 鸣凤走过来，坐在他对面的一个石凳上。

　　　　　　　　　　　　　　　　(《家》84)（→？走来）

　　　　[鳴鳳はやってくると、彼の向かいの石の椅子に腰掛けた。]
　(27) 他跑过去，打开汽车另一侧的车门，……

　　　　　　　　　　　　　　　(《北京人在纽约》185)（→？跑去）

　　　　[彼は駆けていって、車のもう片側のドアを開けた]
こうした事情も、"V过来／V过去"が多く用いられる要因の1つとなっていると考えられる。このような"来／去"との関係で捉えられる"过"の用法について、以下考察する。

7.4.2. "过来／过去"と着点

　次のような存現文を比べてみると
　(28) a. 前面来了一个人。
　　　　　　[前から人が1人やってきた。]
　　　　b. 前面过来了一个人。
　　　　　　[同上]
この2例を用いてともに接近してくる状態（一種の進行義）を表すことができるものの、その接近に対する認識の仕方に差が見られる。例(28a)は元々接近していた対象が視界に入ったという発見義を表すものである。"车来了。"も同様の解釈で捉えられるものであるが、例(28a)のような起点を表す語（ここでは"前面"）が示されていない場合には、必ずしも話者に向かっての移動であるとは限らず、出現という認識から、例えば横切るのを目にした瞬間でも可能である。これに対し、例(28b)の"过来"の形は着点の存在を強く提示するものであり、ここでは特定の発話者をターゲットとした接近が描写されることになる。ここで、表現機能という観点から見ると、"跑过来"のように描写を表す際には参照点が具体的に導入されていなくても、ある空間の通過という概念で（ⅰ）的に捉えられ、これが移動の「過程」や「距離」といった

イメージを容易に喚起することになる。一方、"过来！"のような命令文の場合には、(描写とリンクする) 移動の様態性および過程は問題とならないため(ⅲ)的に捉えられ(従って、この場合距離の遠近も不問となる)、"来！""过来！"のいずれを用いた場合であっても、その表す意味の差異は明確でなくなる。

先行研究においても、"过"に二義を認める立場は見られる(杉村1983a、刘月华主编1998、柯理思2003等参照)。そこでは本章で言う(ⅱ)のケースでは"过"の原義である通過義が明確であるのに対し、(ⅰ)のようなケースでは通過の意味が認められず、この場合"V过来"と"V来"の違いが見出しにくいといったことが言及されている。この意味的な相違は、統語的には目的語をとれるかどうかという点に反映されることになる。

(29) a. 从桥上走过来 ― 走过桥来

(刘月华主编1998：284　体裁は引用者)

　　　［橋を渡ってくる ― 同左］

　　b. 向老马走过去 (刘月华主编1998：301)

　　　［馬さんに向かっていく］

通過ではなく、接近を表す例 (29b) では"*走过老马去"の形は成立しない。(ⅰ)のケースの"过"については、柯理思2003：13では文法化(原文では"语法化")したものだと解釈されている。

例 (24a) で見たように、動補フレーズ"过来"は"来"同様、着点指向のものである。ただしこの場合、"来"とは異なり日本語の「こちらにやって来る」を"来这边"と同様の直接目的語をとった"*过来这边"の形で表すことはできない。"过来"自体で「こちらに」という着点義を本来的に強く含意するものであるものの、統語的にこれを明示する場合、方向動詞を組み合わせた"上来、进来、回来"の類と同じ原則で (例：*进来教室 → 进教室来)、目的語"这边"を間に入れた形が成立するとインフォーマントは言う。

(30) 过这边来

[こちらに来る]

ここでは"过桥来"や"过河来"のような従来扱われてきた通過の関係にはなっていない。"过来／过去"が間に目的語をとる例として、外国人学習者用に編纂された《现代汉语离合词用法词典》には、次のような着点義のものが挙げられている。

(31) 你过我这边来吧。(《现代汉语离合词用法词典》283)
　　　[私の方においでよ。]

例 (7) 〜 (9) で見たように、通過義では"过"は空間を表す語句を直接目的語にとるものではなかった。あわせて、対象的な結び付きである"过＋L"の形では着点義を表すことはできず、ここでは"过"は、あくまでも"来"(あるいは後述の"去")との組み合わせで用いられることが前提となっている。この形が用いられている実例は少なくない。

(32) ……你明天过这边来，我带你去抓雀儿，但你不能告诉别人。
　　　(http://blog.sina.com.cn/s/blog_79be23eb0100uj6p.html)
　　　[君、明日こっちにおいで。スズメを捕まえに連れていってあげるから。ただし、他の人に言っちゃ駄目だよ。]

(33) ……刘晨晨打电话给我，说要过我这边来看书，她那里也停电了。(http://www.geilibook.com/book/1273/85446.html)
　　　[劉晨晨が私に電話をかけてきて、私の所に来て本を読みたい、彼女の所も停電だと言った。]

"过来"が補語として用いられた例もあわせて挙げておく。

(34) 那群大狗打过这边来了，大黑一边看着一边退步，……
　　　　　　　　　　　　　　　　　　　　(《狗之晨》273)
　　　[あの犬の群れが、けんかをしながらこちらにやってきた。大黒は見ながら後ずさりした]

(35) 他正在迟疑间，蕙慢慢地走过这面来了。(《春》357)
　　　[彼がまさにためらっている間に、蕙がゆっくりとこちらにやってきた。]

"坐过来"[こっちにきて座る]のような表現は、こうした着点指向の認

識に依拠したものである。「こちら側」という空間は「あちら側」と対比された比較的広い範囲を表すものであるが、例（33）では実質、着点が明確に特定された場所となっている。"这边"よりも範囲が限定される"这里"が用いられた、このような例をあわせて挙げておく。

(36) 小蚊开始整理我的东西，依旧一个背包，想喝酒就过这里来，随时欢迎。

　　　　　　　（http://www.39.net/woman/yrxs/jrtj/28548_12.html）
　　　［蚊さんは私の荷物の整理をはじめた。相変わらずリュックサック1つだった。酒が飲みたくなったら、ここにいらっしゃい。いつでも歓迎しますよ（と蚊さんは言った：引用者注）。］

(37) 小丁说："那我们就先去我那个墓，然后再过这里来。"
　　　（http://tieba.baidu.com/p/103795816?pid=824712689&cid=0）
　　　［丁さんは言った。「それじゃあ私たち、先に私の（調査している：引用者注）あの墓に行って、それからまたここに（戻って）こよう。」］

(38) "兄弟，你的军训该完了吧，今天是周末了，我也难得休息一天，过我这里来玩玩。"

　　　　　　　（http://zhengzhou.liaoing.com/bbs/thread_24385_13.html）
　　　［「なあ、君の軍事訓練ももう終わりのはずでしょ。今日は週末だし、私もめったなことでは1日休めないのだから、私の所に遊びにおいでよ。」］

一方、動補フレーズ"过去"もまた着点"那边"を目的語にとる場合には、"过来"の場合と同様の形をとるものである。

(39) 过那边去
　　　［あちらに行く］

以下、実例である（(44) は補語として用いられた例）。

(40) "……你快过那边去，别把她招来，受不了。"（《橡皮人》3）
　　　［「…お前が早く向こうに行け、彼女をこっちに招き寄せるな。とても耐えられん。」］

(41) 有人在"笃笃"地敲门，随即便听到小天的声音，这孩子这两

天都是自己过那边去，到了晚上又过来。

(http://bbs.tianya.cn/post-feeling-656996-2.shtml)

[誰かが「ドンドン」と扉をたたいている。続いて小天の声がした。この子はこの2日間1人で向こうに行って、夜になるとまた、やってきた。]

(42) 我们的教室在图书馆西头，我们每天要过那边去上课。

(《现代汉语正误辞典》290)

[私たちの教室は図書館の西側にある。私たちは毎日そっちに授業を受けに行かなければならない。]

(43) 我过你那边去吧，你别过我这边来了。

(《现代汉语离合词用法词典》286)

[私が君の方に行くから、君は私の方に来ないで。]

(44) ……人们在早晨乘船渡过那边去，肩上扛着犁头，去耕耘他们的远处的田；

(http://baike.baidu.com/subview/972366/8725293.htm)

[人々は朝、船に乗って向こう側に渡り、肩にすきを担いだまま、自分たちの遠くにある田んぼを耕しに行く]

(45) 第二天，他因为听人说到这个话，才又过那里去，……

(《三个男人和一个女人》58)

[2日目に、彼は他の人がこの話をするのを耳にしたので、またあそこに行った]

(46) "……那什么，我怎么过那院去？"王二急于要过去。

(《骆驼祥子》130)

[「…その、何だ、俺はどうやって敷地に入ったらいいんだ？」王二は中に入ろうと焦っていた。]

例(40)～(46)の"(V)过…去"はいずれも着点を表すものとして解釈される。そして、ここでも「あちら側」という広い範囲の空間に限らず、例(43)(45)のように実質的には特定の場所を指しているもの、ひいては例(46)のように具体的な場所を明示しているものまで見られ

る。しかしながら、

(47) a．？过这里来［ここに来る］／??过我这里来［私の所に来る］
　　 b．？过那里去［あそこに行く］／??过他那里去［彼の所に行く］

というフレーズレベルにおいては、インフォーマントによって許容度の判断にかなりの揺れが見られるなど、"到…来"および"来"類が自由に目的語をとれるのとは事情が大きく異なる。

7.3.2. で見た使役移動のうち、移動物が独立しているケース（①類）でも、"过去"を用いた場合には、着点の存在が想定されうる。

(48) a．我已经把那封电子邮件发过去了。
　　　　［私はもうあのEメールを送った。］
　　 b．我已经把那封电子邮件发出去了。
　　　　［同上］

この2例は同一事象について述べたものであるものの、「放出義」が前景化される"发出去"に対して、目標（着点）が明確な場合には"发过去"を用いる方がよりふさわしい。

(49) 我已经给你发过去了。（→？发出去[9]）
　　　　［君にもう（Eメールを）送ったよ。］

こうしたことに鑑みて、"去"と"过去"を比べてみると

(50) a．我去看看。
　　　　［ちょっと見に行ってくる。］
　　 b．我看看去。
　　　　［同上］

(51) a．我过去看看。
　　　　［ちょっと見に行ってくる。］
　　 b．*我看看过去。

例（50a）（51a）ともに実際の移動を表しているものの、例（51a）の方が（想定した）着点への到達義が強く感じられる。このことは次の点に

---

[9] 例（49）の"给你"が「君に」という着点義ではなく、"替你"［君に代わって］の意味では"发过去"および"发出去"いずれの形でも問題なく成立する。

も反映されている。すなわち例 (50b) のように"去"が後置されると、連動文の有する構文的な制約により「"去"が軽声で発音される」「"去"の後に目的語をとれない」など移動義が虚化することになるために、目的地が強く意識された"过去"を同様の語順で用いた例 (51b) では不成立となってしまう。また

(52) 但是它们很快地飞过去了。(《春》178)

[しかし、それら（白い鳩：引用者注）は素早く飛んでいった。]

この例における"飞过去"を"飞去"とすると、離脱を表す"飞走"の意味に変わってしまう。"V过去"の形を用いることにより、一定方向への移動が表され、その先に想定されうる着点が例 (52) のように限定的でない場合には、それが典型的には杉村1983aの言う「向こう」という話者の視線の動きを伴った認識で捉えられることになる。

こうした"过去"の有する着点指向という概念を支持すると思われる傍証として、統語的には到達の後に行われる動作が続く形式が実際には多く見受けられることが挙げられる（例 (27) もあわせて参照）。

(53) 陆文婷向病人打了招呼，跑过去拿起听筒。(《人到中年》26)

[陸文婷は病人に一言断ると、走っていって受話器を取り上げた。]

(54) 他走过去握着弟弟的手，又拍拍弟弟的肩膀，感动地说：……

(《家》19)

[彼は走っていって弟の手を握ったまま、また弟の肩をぽんとたたき、感動して言った。]

7.5. おわりに

以上、"过"の表す移動義について、主に（i）～（iii）という認識に基づいたプロファイルという観点から考察した。位置変化を捉える際に、その過程を焦点化したのが（i）（ii）であり、起点・着点が強く意識されたものが（iii）のケースであった。後者においては距離や様態、時間といった移動を構成する要素が適用されないが故に、その経路は問

題とならない。方向性の加わった"过来／过去"についてもこの両側面から捉えることが可能であり、とりわけ（ⅲ）的に捉えられた場合には着点指向が強くなる。このことが本章で見た"过这边来"や"过那边去"のような用法を容認するインフォーマントが少なくない要因につながるものと考えられる。

第8章

中国語における「開始義」について
―方向補語"起来"の用法を中心に―

8.1. はじめに

　方向補語"起来"の派生義について、中国語のほとんどの初級テキスト類では「～しはじめる、～しだす」[1]という開始の意味（以下「開始義」と記す）が挙げられている。
　（1）a. 唱起来
　　　　　［歌いはじめる］
　　　　　笑起来
　　　　　［笑いだす］
テキストによってはさらに"团结起来、结合起来、集中起来"などを挙げ、この"起来"をいわゆる「集中」を表すものとしている。これは刘月华主编1998に見られる方向補語全般に関わる
　1．"趋向意义"［方向義］
　2．"结果意义"［結果義］
　3．"状态意义"［状態義］
という3つの意味区分のうちの「結果義」に該当するケースであるが、この場合にも、同一の"V起来"（Vは動詞）という形を異なる構文で用いて、さらに「状態義」を表すことも可能である。

---

1) 日本語における「～はじめる」「～だす」の用法の比較について言及したものに、山崎1995、姫野1999などがある。本章における"V起来"の日本語訳は、両者の差異を意識的に反映させたものではない。

(2) a. 小王把资料搜集起来了。　【动作的完了以及结果的持续】
　　　［王さんは資料を集めた。］
　　b. 小王搜集起资料来了。　　【动作的开始和持续】
　　　［王さんは資料を集めはじめた。］

　　　　　　　　　　　（例 (2) は靳卫卫 1997：265　体裁は引用者）

例 (2) ではｂが状態義に相当し、日本語訳からも明らかなように、「完了」と「開始」というアスペクト的に対極的な意味が表されている。

　さらに"起来"には開始義からの派生として、「事態の意外性」「試行」などの意味を表す用法も見られるが、とりわけ前者についてはモダリティに関わるもので初級者にとっては理解が容易ではないことに加えて、次の例のように必ずしも「〜はじめる」などによる語彙的手段を用いて訳出されるものではないということも影響してか、テキスト類で取り上げられることはほとんどない。

(3) 他俩怎么会离起婚来了（《动词用法词典》465）
　　［彼ら２人はどうして離婚なんてするんだ？］（*離婚しはじめる）
(4) 指南针怎么指起东来了（《动词用法词典》919）
　　［コンパスがどうして東を指すんだ？］（*指しはじめる）

しかしながら、実際にはこの意味での"起来"は、（非持続的なものも含めて）多くの動詞と結び付く常用表現であると言える。

　本章では方向補語"起来"の表す開始義およびその派生的用法について、それぞれの動詞とその補語としての各種方向動詞[2]の組み合わせを個別に列挙した《动词用法词典》に収録された用例を中心に考察する。

8.2.　開始に対する認識

8.2.1.　新たな事態の発生

空間義から時間義への比喩的拡張は多くの言語において広く見られる

---

[2] "来、上 ……"および"下来、进去 ……"などは、《动词用法词典》では"趋向词"（同書"说明书" 14頁）と記述されている。

現象であり、"起来"に関しては着眼点が起点からの離脱にあることが時間的な始まり、すなわち開始義とリンクする動機づけとなっている。

ここで動詞"握手"［握手をする］を取り上げて見てみると、この場合には現実的な状況に基づいて、通常、瞬時的な行為として認識される。

(5)　a. 他们俩握手了。
　　　　［彼ら2人は握手した。］
　　　b. 他们俩握起手来了。(《动词用法词典》795 改[3])
　　　　［彼ら2人は握手をはじめた。］

例(5a)ではその行為が行われたことが叙述されているのに対し、補語"起来"を用いて「握手をはじめてから、今現在握っている最中である」という状況を描写した例(5b)では、開始（変化）および進行（持続）が表されている（ここでは動作の主体が2人なので、後述の反復義とは見なせない）。いずれも実現している（已然を表す）という点では共通しているものの、例(5a)では出来事が、例(5b)では状態が前景化されているという違いが見出せる。こうした事態の捉え方に関連して、國廣1982はアスペクトを次のように定義している。

> アスペクトは時間の区別を超越して、できごとを全体的にひとまとめにしてとらえるか、できごとの展開のしかたを詳しくとらえるかという、心理的把握のしかたを表現する言語的手段を指す。前者を「完了アスペクト」、後者を「未完了アスペクト」と呼ぶ。
>
> （國廣 1982：2）

動詞の内部段階に言及する後者の概念に相当する"跑、写、笑、唱"などを"V起来"の形で用いた場合には、開始から持続までカバーしうる。一方、Vが持続の意味を含まない次の例においては、開始義が「新たな事態の発生」（変化）という形で捉えられることになる。

---

3) 原文では"他们俩握起手来"となっている。

(6) a. 叫起来
　　　　［叫ぶ］
　　b. 爆发起来
　　　　［爆発する］
　　c. 把灯点起来
　　　　［明かりをつける］

とりわけ次の例においては、その「突発性」が明確となっている。

(7) 场内顿时轰动起来（《动词用法词典》327）
　　［場内がたちまち沸き返った］
(8) 他突然喊了起来（《动词用法词典》322）
　　［彼は突然叫んだ］
(9) 一上冰场就跌起跤来（《动词用法词典》202　誤植引用者訂正）
　　［スケートリンクに出るや否や転んでしまった］

これらは、上記國廣1982における「完了アスペクト」の概念に相当する。また完成段階に意味的な重点が置かれた"集中、组织、统一、结合、团结"などについては、"V起来"によって表される行為の実現を、具体的・抽象的な形の出現として認識できる。"收、收拾、藏、躲、留［残しておく］、扣、埋、关［閉じ込める］、抓［捕まえる］"などを"V起来"の形で用いた場合については、その「出現」を「新たな事態の形成」（整頓、隠蔽、拘束など）として捉えることができる。

(10) a. 收起来
　　　　　［片付ける］
　　 b. 藏起来
　　　　　［隠れる］
　　 c. 坏人被警察扣了起来（《商务馆学汉语词典》410）
　　　　　［悪人が警官に拘束された］

一方、動詞"跑、写、笑、唱"などを"起来"と組み合わせて表される開始義については、「動作の形成」と見なすことができる。このことは、従来より「無から有」「静態から動態」への状態変化といった概念

を用いて説明されてきた。これらの持続的な動詞を"V起来"の形で用いた場合には動作の過程を描写するものであるが、次のような事態の始まりが表される場合には、往々にして「状況の変化」という意味が前景化されることになる。

（11）李大夫在星期天给邻居家的孩子治起病来

(《动词用法词典》923)
　　　　［李先生は日曜日に近所の子供のために病気の治療をはじめた］
（12）他们这个研究所现在急需起管理人员来

(《HSK 词语用法详解》249)
　　　　［彼らのこの研究所では今差し迫って管理職員が必要となった］
（13）这里也禁起酒来了 (《HSK 词语用法详解》289)
　　　　［ここでも酒が禁止になった］
（14）有钱坐起飞机来了 (《HSK 词语用法详解》709)
　　　　［お金ができて、飛行機に乗るようになった］

そして、以下の例では、下線で示した時点・期間が起点として明示されていることが、「それ以前の状況との対比」をより明確にするのに有効に働くことになる。

（15）<u>这两年</u>, 农民也买起高档商品来了 (《动词用法词典》490)
　　　　［ここ2、3年で、農民も高級な品物を買えるようになった］
（16）<u>结婚以后</u>, 两个人的矛盾突出起来了 (《动词用法词典》760)
　　　　［結婚してから、2人の矛盾が目立つようになった］
（17）小胖子<u>从此</u>喜欢起航空模型来了 (《动词用法词典》801)
　　　　［太っちょはそれ以降、飛行機の模型を作るのが好きになった］
（18）他<u>最近</u>向妈妈要求起自行车来 (《动词用法词典》855)
　　　　［彼は最近母親に自転車をねだるようになった］

また"起来"が多く用いられる"一…就～"あるいは"…就～"など2つの出来事の継起を表現する形式においては、いずれも"就"の前に置かれた語句（以下、下線で表示）が始点となっている。

【一…就～】
(19) 一上台他就害羞起来（《动词用法词典》321）
   ［演台にあがったとたんに彼は恥ずかしくなった］
(20) 一回到家就睡了起来（《动词用法词典》677）
   ［家に戻るとすぐに寝た］
(21) 一毕业就怀起孕来（《HSK 词语用法详解》232）
   ［卒業後すぐに妊娠した］

【…就～】
(22) 今年不到七月就放起暑假来了（《动词用法词典》256）
   ［今年は7月にならないうちに夏休みになった］
(23) 路上碰到老师就鞠起躬来（《动词用法词典》416）
   ［道で先生に会ったらお辞儀をする］
(24) 这衣服买了没几天就褪起色来了（《动词用法词典》775）
   ［この服は買ってから何日も経たないうちに、もう色あせてきた］

さらに、この開始義は時間的な関連性に限られず、因果関係を表す場合には、上記の始点に相当するものが、事態を引き起こす「原因」を表すという役割を担っている。
(25) 上级规定这样做，他们就执行起来了（《动词用法词典》918）
   ［上司がそのようにすると決めたので、彼らは執行しはじめた］
(26) 父母都不在了，只好指望起叔叔来了（《动词用法词典》922）
   ［両親ともに亡くなったので、叔父に頼らざるを得なくなった］

8.2.2. "开始～" と "～起来"

開始を表す表現としては文法的機能に基づいた"～起来"に加えて、動詞"开始"を用いて、その意味を明示したものが挙げられ、両者の用法上の差異については、これまでもしばしば言及されてきた。例えば平井1991は"开始～"と"～起来"それぞれの機能を「行為の叙述」「運

動の描写」であるとする。また、朱継征 2004 では焦点の当て方の差異という観点から「"开始~"は動作・作用の始点を示す時間的座標に焦点を当てることによってその開始を表すのに対し、"~起来"は動作の展開過程の一局面（中略）に焦点を当てることによってその開始を表す」(133 頁)と結論付けている。

(27) 新疆从 10 月份就开始冷了，到 11 月份就下雪了。(→ *冷起来)
　　　　　　　　　　　　　　（朱継征 2004：126　体裁は引用者）
　　　[新疆は 10 月から寒くなりはじめ、11 月になると雪が降る。]

(28) 她十九岁的时候，就开始写小说了。(→ *写起来)
　　　　　　　　　　　　　　（朱継征 2004：132　体裁は引用者）
　　　[彼女は 19 歳のときに、小説を書きはじめた。]

ここではいずれも"~起来"の形は使用できないとされている。先の例(15)～(18)においては時間を表す語とともに"V 起来"が用いられていたが、その場合に（時間的な「いつ」よりも）「変化・新たな事態の発生」に主眼が置かれていることについては、既に言及した。"什么时候"が用いられた次の例においても

(29) 你什么时候抽起烟来了？
　　　[君はいつタバコを吸いはじめたんだ？]

ここでは純粋に時を尋ねるというより、「前は吸ってなかったのに、どうしてまたタバコなんか…」という後述の「事態の意外性」を表すニュアンスがとりわけ強く感じられるとインフォーマントは指摘する。

また同様の「意外性」を表す一例であるが、

(30) 星期三怎么停起水来了（《动词用法词典》746)
　　　[水曜日にどうして水が止まるんだ？]

ここではある特定の水曜日における出来事について述べているのに対し、"开始"を用いて"星期三怎么开始停水了"とすると、毎週水曜日に水が止まるという意味になるといった差異も生じる。

8.3. 反復・持続

8.3.1. 持続状態の形成

　開始義を表す場合の動詞の特徴としては持続的であることが挙げられ（従って開始に続く持続をも表せる）、この意味では"死、結婚"など非持続的な動詞については通常"V 起来"の形は不成立とされる[4]。しかしながら、瞬間的な行為であっても、(継続的な)反復により持続状態が形成されるため、"起来"を用いて開始義を表すことができる。

(31) 敌机连续炸起来了（《动词用法词典》891）
　　　　［敵機が連続して爆撃をはじめた］
(32) 报上登了他的一首诗以后，他就<u>不断的</u>投起稿子来

　　　　　　　　　　　　　　　　　　（《动词用法词典》757）
　　　　［新聞に彼の詩が掲載されてから、彼は絶え間なく原稿を投稿しはじめた］

同様の記述が、戴耀晶1997ほかに既に見られる。

　　瞬间动词在句子中如果具有"重复"意义，它表示的动作可以延续，
　　则可以带"起来"，……例如：
　　　(142) a. 喜庆的锣鼓敲起来了。
　　　　　 b. 警车顶上的红灯闪起来了。

　　　　　　　　　　　　　　　　　　　　（戴耀晶1997：96）

---

[4] ただし反復という観点から、行為の連続性が積極的に表されるようになると、"結婚"についても持続的に捉えられ、開始義を表すことが可能となる。
　……身边的男男女女纷纷<u>结起婚来</u>。9月16日同学同事各一共两份婚礼，9月23日一份同事婚礼，10月5日同学婚礼，10月7日同事婚礼……
　　　　　　　　（http://ice-rain68.blog.sohu.com/13011662.html）
　［身の回りの男女が次から次へと結婚しはじめた。9月16日には同級生・同僚の合わせて2つの結婚式、9月23日には同僚の結婚式1つ、10月5日には同級生の結婚式、10月7日には同僚の結婚式…］

[瞬間動詞が文中で「重複」の意味を有する場合には、その表す動作は続けることができるため、"起来"を伴うことができる。(中略) 例えば：
　　(142) a. お祝いのどらや太鼓が鳴りはじめた。
　　　　　b. パトカーの屋根の赤色灯が光りはじめた。]

このことは、"敲、闪"や"咳嗽"などのひとまとまりの連続的な反復に限られず、次のような1回ごとの動作の区切りが明確な場合にも当てはまる。
　(33) 那两只羊撞起来了（《动词用法词典》940）
　　　[あの2匹の羊がぶつかり合いをはじめた]
そして、次の例（34）〜（36）では個々の行為・事象は背景化され、事態の発生という観点から開始義が前景化されている。
　(34) 这才六月初，蚊子就叮起人来了（《动词用法词典》204）
　　　[今はまだ6月初めなのに、もう蚊が人を刺しはじめた]
　(35) 秋风一吹，树叶就落起来了（《动词用法词典》485）
　　　[秋風が吹くと、木の葉が落ちはじめた]
　(36) 一进腊月，乡亲们就宰起猪来（《动词用法词典》883）
　　　[旧暦の12月に入ると、村人たちは豚をつぶしはじめる]
こうした動作の反復は同一主体によるものに限られず、（異なる）主体（例（37）、（38））あるいは対象（例（39）、（40））が複数存在することによっても同様にもたらされる。
　(37) 房客们会起帐来（《动词用法词典》346）
　　　[借家人たちは（個々に）勘定を払いはじめた]
　(38) 不少人改起名字来（《HSK 词语用法详解》180）
　　　[多くの人が改名しはじめた]
　(39) 楼房没完工就分配起来了（《动词用法词典》268）
　　　[ビルはまだ工事が終わっていないのに、もう割り当てをはじめた]
　(40) 他给客人敬起烟来（《动词用法词典》414）
　　　[彼は客たちにタバコをすすめだした]

(41) 他利用假期到处访问起来（《动词用法词典》255）
　　　［彼は休暇を利用してあちこちを訪問しはじめた］

例（41）のように、対象が場所となっている際には、広い範囲にわたる反復（連続）的な行為を表すことになる。

8.3.2. 程度の進行

持続動詞"跑、写、笑、唱"などに"起来"の付いた形を日本語に訳出する際には、語彙的に「〜はじめる、〜だす」という形でその開始を表せるのに対し、事態の発生については上述のように必ずしもそのことが当てはまるわけではない。また心理活動・感情を表す動詞についても、その開始によって表されるのは「気持ちの変化」であり、次の例（42）および（43）においては、その日本語訳を「（〜に）なりはじめた／なってきた」「（〜に）なった」いずれの類としても大差はないように思われる。

(42) 他也懂起道理来了（《动词用法词典》214）
　　　［彼にも道理が分かるようになっ（てき）た］
(43) 想着想着心里就怕起来（《动词用法词典》526）
　　　［ずっと考えているうちに心中恐ろしくなっ（てき）た］

しかしながら厳密に言うと、「（〜に）なりはじめた」のタイプには、程度の進行が含意されている。以下の例は「開始〜持続」段階を表すものとして状態的に捉えられるが、事態の変化の中でも先に見た突発性を表すもの（例（6）〜（9））とは異なり、その持続性の生み出す程度の増加を表すのに、（副詞（的語句）とともに）"〜起来"の形が用いられている。

(44) 两国之间的关系日益密切起来（《动词用法词典》495）
　　　［両国間の関係は日増しに緊密になってきた］
(45) 物价逐渐稳定起来（《动词用法词典》793）
　　　［物価が次第に安定してきた］
(46) 他慢慢醒悟起来（《动词用法词典》827）

[彼はゆっくりと悟ってきた]

(47) 国民总收入<u>逐年</u>增长起来（《动词用法词典》888）
　　　［国民の総所得は年ごとに上がっている］

(48) 他们的好经验<u>在全国</u>推广起来（《动词用法词典》771）
　　　［彼らの素晴らしい経験は全国に広がりはじめた］

　"冷、好、少、安静……"など形容詞は元来状態を表すが故に、"起来"を付した形で状態の変化を表すことになるが、このとき同じく変化・新たな事態の発生を表す文末助詞"了"を用いた場合との相違が問題となる。平井1991：156は《現代汉语八百词》（1980年版）の記述をもとに、"红了"は"红"という状態に達したことを表し、一方"红起来"は"红"という状態に変化することが始まったことを表す旨述べている。加えて形容詞の有する持続性によって、後者では程度の増進が付随して表されることになる。

　これに対し、山田2003に引用されている次の例を見てみると

(49) 只有这个地方路幅宽了起来。
　　　［そこだけ路幅が広くなっている。］

　　　　　　　　　　（中国語・日本語ともに山田2003：21のまま）

これは志賀直哉『暗夜行路』に見られる表現の中国語訳として示されているものであるが、ここでは形容詞"宽"の開始・持続および程度の増加が示されているのではなく、一部分に限定された場所での状態について述べているにすぎない。この場合、道に対する認知主体が視線を移動させる過程において、その突出した部分（他の場所との相違）を変化の発生として捉える認識が、述語"宽起来"に反映されているものと思われる。

8.4. 評価・見積もりを表す用法

　次の例は、いずれも主体である「彼」の性格について述べたものである。

(50) 他赌博起来什么都不顾了（《HSK 词语用法详解》138）
　　［彼はギャンブルをやりはじめると、何も顧みなくなる］
(51) 他批起人来挺凶的（《动词用法词典》554）
　　［彼が人を批判すると容赦ない］

例（50）では個別の具体的な動作が想定できることもあって開始義が強く感じられるのに対し、主体の属性に関わる例（51）は開始義を含意しつつも、主として刘月华等 1983 の言う"表示说话人着眼于事物的某一方面对事物进行估量或评价"（346 頁）［発話者が事物のある一面に着目して、事物に対して見積もりや評価を行うことを表す］という用法に相当するものである。この用法は、一般に"V 起来"の表す次のような「〜してみると」という試行の意味との関連で捉えられることが多い。

(52) 这两种机器比较起来，还是北京出的好（《动词用法词典》40）
　　［この 2 種類の機械を比較してみると、やはり北京で作られた物がよい］

以下、評価を表す用例をさらに挙げておく。

(53) 老张办起事来很认真（《动词用法词典》20）
　　［張さんは仕事をやるとなると、非常に真面目だ］
(54) 她投起标枪来可是个好手（《动词用法词典》756）
　　［彼女は槍を投げると名手だ］
(55) 这种鱼游起来可好看了（《动词用法词典》871）
　　［この魚は泳ぐと、とてもきれいだ］
(56) 这种布缩起水来很厉害（《动词用法词典》690）
　　［この種の布は水につけると、ものすごく縮む］
(57) 小王发起火来可不得了（《HSK 词语用法详解》152）
　　［王さんは怒ると、ものすごい］

ここでは"V 起来"によって表される主体の動作・状態を通して、その数ある性格・特徴のうちの一側面が取り立てられている。

　これに対し、以下の例では"V 起来"はその対象に対する働きかけを表しており、ここでは当該行為に対する評価（難易度）が表されている。

(58) 搬起家来可麻烦了（《动词用法词典》18）
　　　［引越すとなると非常に面倒だ］
(59) 原文字迹不清楚，抄写起来很困难（《动词用法词典》83）
　　　［原文の筆跡が不明瞭で、書き写すのは困難だ］
(60) 这些问题答复起来都很困难（《动词用法词典》143）
　　　［これらの問題は答えるのが困難だ］
(61) 这些材料清理起来挺麻烦（《动词用法词典》592）
　　　［これらの材料は整理するのがとても面倒だ］
(62) 这两种颜色区别起来很容易（《动词用法词典》596）
　　　［この2種類の色は区別するのが簡単だ］
(63) 这孩子喂起来可真麻烦（《动词用法词典》792）
　　　［この子は（物を）食べさせるのが実に厄介だ］
(64) 我的嗓子肿了，咽起东西来真费劲（《动词用法词典》851）
　　　［私ののどがはれて、物を飲み込むのに本当に苦労する］

ここでの行為（"V 起来"）の主体については、例（64）では「私」であることは明らかであるものの、他のものについては発話者あるいは不特定の者といった場合が想定できる。その発話者が前景化された典型例の1つとして"看起来"［見たところ／思うに］が挙げられ、これはモーダルな要素として挿入的に用いることが可能である。一方、不特定の者が前景化された場合には、"说起来容易，做起来难"［言うは易く、行うは難し］に見られるような「一般化」が可能となる。この概念を個別のものに適用した場合、例えば例（60）であれば「問題が難しい」という属性について述べたものとなる。次の例ではある行為（試行）を通して、対象に対する評価が表されている。

(65) 这把铁锹挖起来真费劲儿（《动词用法词典》784）
　　　［このシャベルで掘ると、ものすごく苦労する］

ここでは、"V 起来"で表された動作がその物が本来有する機能（ここでは「土を掘るのに使う」という機能）と結び付いているという点で、道具の属性を表す表現になる。

8.5. 事態の意外性

次のような"V 起来"は、「事態の意外性」を表すとされる。
(66) 没想到他又病起来了（《动词用法词典》52）
　　　［彼がまた病気になるなんて思いもしなかった］
(67) 怎么在影院门口停起车来了（《动词用法词典》747）
　　　［どうして映画館の入り口に車を停めたりするんだ？］
この用法ではVに非持続動詞を用いることが可能であるものの、新たな事態の発生という点ではやはり開始義に通じるものである。王力1943に夙に見られる以下のような記述も、この用法に該当するものと思われる[5]。

　　有时候，未尝有或不宜有的事，也用"起来"。这可说是开始貌的活用。
　　　（A）姐姐怎么给我倒起茶来？（《红楼梦》の例：引用者注）
　　　　　　　　　　　　（王力1943：224　原文には傍点あり）
　　［時として、未だかつてなかった、あるいはそうあるべきではないことにも、
　　"起来"を用いることがある。これは起動相を活用したものだと言える。
　　　（A）姉がどうして私にお茶をついでくれたりするんですか？］

朱継征2004はこの事態の意外性を表す用法について、「特殊な場面と構文において生み出された派生的意味であり、その基本的・文法的意味ではない」(117 − 118頁)と述べている。確かに実際には"没想到、连…也／都～、怎么、倒、却、竟然、偏偏、又"など「呆れ、驚き」といった気持ちを表す要素と共起するケースが多く見られ[6]、このことが「意

---
5) "起来"の表す「事態の意外性」を論じた平井1991：154にも同様の言及が見られる。
6) 先の例 (29) で用いられていた"什么时候"にも、同様の感情が込められていると言える。

外性」を"起来"自身の有する文法的意味とは強く主張できない要因の1つとなっていることは否めない。以下、それぞれの該当例を挙げておく。

【没想到】

(68) 没想到你为他们转起信件来了（《动词用法词典》934）
　　［君が彼らのために手紙を渡してあげるなんて思いもしなかった］

【连…也／都～】

(69) 连老太太也出起门来了（《动词用法词典》109）
　　［お婆さんですら出かけるようになった］

(70) 连这种人都留起学来了（《HSK 词语用法详解》345）
　　［こんな人ですら留学するようになった］

【怎么】

(71) 怎么在咸菜里放起盐来了（《动词用法词典》260）
　　［どうして塩漬けの漬物に塩を入れたりするんだ？］

(72) 走平地怎么栽起跟头来了（《动词用法词典》882）
　　［平地を歩いていて、どうして転んだりするんだ？］

(73) 大冬天你怎么光起脚来了？（《HSK 词语用法详解》207）
　　［真冬なのに君はどうしてはだしになるんだ？］

(74) 你怎么让他叫起车来了？（《中国语补语例解》256）
　　［君はどうして彼に車を呼ばせたんだ？］

【倒】

(75) 天黑了倒放起鸡来了（《动词用法词典》255）
　　［空が暗くなったのに、ニワトリを放した］

【却】

(76) 明明是李师傅帮的忙，他却感谢起王师傅来了

（《动词用法词典》288）

[明らかに李先生が手伝ってくれたのに、彼は王先生に感謝した]

【竟然】

(77) 他竟然陷害起自己的同志来（《动词用法词典》812）

[彼は何と自分の同志を陥れた]

【偏偏】

(78) 偏偏这个时候他害起病来（《HSK 词语用法详解》215）

[よりによってこんなときに、彼が病気になるとは]

【又】

(79) 他又翻起口供来了（《动词用法词典》248）

[彼が（また）供述を覆しはじめた]

(80) 都四十多岁了，又养起孩子来了（《动词用法词典》853）

[40歳過ぎにもなって、（また）子供を生むなんて]

　本章冒頭に挙げた"怎么"を用いた例（3）（4）も、ここでの用法に該当する。また、次の"也"を用いた例（81）についても、上で挙げた"连…也～"との関連がうかがえる。

(81) 小李也参加起游行来（《动词用法词典》67）

[李さんもデモ行進に参加するようになった]

ここでは、「李さんまでもが～」と解釈することも可能である。また例（79）および（80）の"又"は「反復」の意味も含意しつつ、主に「いぶかる気持ちを表したり，否定や反語の語調を強める」（小学館『中日辞典』第 2 版（2003 年）、1823 頁）という働きをするものである。次の例では、その"又"と上で見た"怎么"がともに用いられている。

(82) 王嫂怎么又生起第二胎来了（《动词用法词典》648）
　　［王さんはどうしてまた2人目の子を産んだりしたんだろう？］
(83) 怎么又召开起常委会来了（《动词用法词典》904）
　　［どうしてまた常任委員会を召集したりするんだ？］

　こうした用法における事態の発生とは当事者にとっては予期せぬものであり、そのために意外性というモーダルな要素が前景化された表現になっていると言えよう。

8.6. おわりに

　以上、"起来"の表す開始義およびその周縁的な用法について考察した。方向補語の派生義として"～起（来）"同様に開始義を表せるものに、"～上"や"～开"などが挙げられる。
(84) 唱起歌子了 ― 唱上歌子了（徐静茜1981：11 改[7]）
　　［歌を歌いはじめた ― 同左］
(85) 他不认错，倒责备开别人了（《动词用法词典》887）
　　［彼は過ちを認めようとはせず、他人を責めはじめた］
例(85)は"起来"を用いて"……倒责备起别人来了"とすることもできる。こうした個別の用法間の意味的差異に加えて、本文でも言及した新たな事態の発生を表す文末助詞"了"と"起来"の文法的機能の差異についても、別途さらに考察の必要がある。

---

7) 原文では"唱起歌子"となっているが、表現が言い切りにならないため、ここでは"了"を加えた形で提示した。

第9章

方向補語 "起来" について

9.1. はじめに

　刘月华主编1998は各種方向補語の表す文法的意味について体系的に記述した書であり、そこでは主に "趋向意义" [方向義]、"结果意义" [結果義]、"状态意义" [状態義] という3つの側面から分類が行われている。以下、刘月华主编1998：341 - 380において挙げられている "起来" の表す主な意味と、その意味で "起来" と結び付く動詞（形容詞）を、簡潔にまとめたものである。

　　ⅰ．方向義：低い所から高い所への移動を表す
　　　　　　　　　　　例：站、跳、升、抬(头)、举 ……
　　ⅱ．結果義：「継ぎ合わせる」さらには「固定させる」ことを表す
　　　　　　　　　　　例：结合、集中、包围、收、藏、抓、盖 ……
　　ⅲ．状態義：新たな状態に入ることを表す
　　　　　　　　　　　例：笑、说、跑、下(雪)、冷【形容詞類】……

しかしながら、これらは排他的な1対1の対応と言えるものではなく、"V起来"（Vは動詞）におけるそれぞれの "起来" がどの意味区分に該当するかについては、必ずしもフレーズレベルにおいて判断できるものではない。

　（1）a. 他几乎要跳起来了！
　　　　　［彼はもう少しで飛び上がるところだった！］

b.　他的心立刻"砰砰"跳起来。
　　　　　［彼の心はたちまち「ドキドキ」しはじめた。］

　　　　　　　　　　　　　　（例（1）は房玉清 1992a：493）

(2)　a.　房子造起来了。
　　　　　［家を作った。］
　　　b.　他造起房子来了。
　　　　　［彼は家を作りはじめた。］

(3)　a.　小王把资料搜集起来了。
　　　　　［王さんは資料を集めた。］
　　　b.　小王搜集起资料来了。
　　　　　［王さんは資料を集めはじめた。］

　　　　　　　　　　　　　　（例（3）は靳卫卫 1997：265）

(4)　他筹备起军队来了。
　　　a.　他开始着手筹备军队了。
　　　　　［彼は軍隊の設立に着手しはじめた。］【起始】
　　　b.　他把军队筹备起来了。
　　　　　［彼は軍隊を設立した。］【完結】

　　　　　　　　　　（例（4）は唐正大 2005：258　体裁は引用者）

　例（1）では方向性の有無によって意味の差がもたらされている（例(1b)は開始を表す。以下「開始義」と記す）。例（2a）（3a）の完了義は"起来"の表す「完成、目的の達成、集中、収束」といった概念によって導かれるもので、その結果ここでは例（2b）（3b）の表す開始義と、それぞれアスペクト的な対立が見られる。例（3）では構文の違いが"起来"の意味の差をもたらしているのに対し、例（4）では同一の形式でこの両義が表されている。

　本章ではこのような分化が認められる補語"起来"の表す文法的意味について、上記刘月华主編1998の3つの区分の間に見出せる関連性に言及しつつ、考察を試みる。

9.2. 方向義と状態義のリンク

　動作主の姿勢の変化を表す"站起来"や"坐起来"における補語"起来"の部分には、動補フレーズ"起来"の「上がる」という上向きの移動実義がそのまま反映されている。以下は、動きを伴う"V起来"の意味区分（X～Z）、およびその意味で常用されるVのリストである（Sは動作主体、Oは対象）。

　　X：Sの姿勢変化
　　　　例：站、坐　　　　　　　　　【自動詞】[1)]
　　　　　　抬(头)、跐(脚)、欠(脚)　【他動詞】
　　Y：SまたはOの位置変化
　　　　例：跳、蹦、浮、飞、升、飘、吹、踢
　　Z：（手の動きを伴う）Oの位置変化
　　　　例：捡、抬、捧、抱、拉、举、搬、端、提、拿、捞、拔、
　　　　　　抓₁［つかむ］

ここでは"V起来"の形で用いられたときの上向きの動作のバリエーションが示されているが、方向動詞を組み合わせた"起来"が次のような文法的性質を有するため、その動きについては補語"上来、进来"などを用いて表される動きと比べて、移動的な要素がかなり限定されたものとなっている。

---

1) 通常、上向きの動きとは相容れない"蹲"についても、"V起来"の形で用いることができる。
　　钱先生的两手开始用力往地上拄。象要往起立的样子。……一使劲，他已经蹲起来。(《四世同堂：惶惑》213)
　　［钱先生の両手が、力をこめて地面を支えはじめた。立ち上がろうとする様子だった。（中略）急に力をこめると、彼はもう地面にうずくまっていた。］
　　ここでは地面に直接座っていた状態からうずくまる姿勢への上向きの動きが、"起来"によって表されていると考えられる。

① "普通话"には"V起去"という形がない（方向の非対称性）
② ("爬起床来"のような例を除いて）"起来"の形で自由に場所目的語をとることができない
③ "来"は位置関係を反映させたものではない　　[－立脚点]
④ "起(来)"で表される移動は到達を明示しない（同じく上向きの動きを表す"上"は着点指向）

例えばここでは③について見てみると、"起来"の"来"は接近を表すものではなく、たとえ発話者・相手ともに座っている場合でも、相手に向かって"快站起来！"などと言うことができる。

上記Yの"跳、蹦"がXの"踮(脚)"[つま先立つ]と異なっているのは、主体が地面から（瞬間的であれ）分離している点である[2]。しかしながら、その場での上下の動きは存在する位置自体の変化として捉えられるものではないという点で、同じくY類に属する"飞、升"などとは一線を画するものである。"升"類では、その動きに距離という要素を認識できるため、独立した移動として捉えることが可能となる。

(5) a. 太阳升起来了。
　　　　[日が昇った。]
　　b. 把球踢起来
　　　　[ボールを蹴り上げる]

刘月华主编 1998：362 - 363 は結果義に"表示突出、隆起"（362頁）[突き出る、隆起することを表す]という区分を設け、その意味で"起来"と結び付く動詞として"膨胀、鼓、肿"などを挙げているが、この場合には、全体の中の連続的な一部分の動き（非独立的）ということで状態変化として捉えられる。

"挺(胸)、弓(腰)"などの体の動きについても同様に、刘月华主编

---

2) 次の他動詞表現は、この離脱義に基づくものである。
　　把膏药揭起来（《动词用法词典》401）
　　[膏薬をはがす]

1998：363では結果義（上記"突出、隆起"を表すもの）に区分されている。一方、上記区分Xの他動詞表現における「対象」（身体部位）、およびZにおける対象の移動を引き起こす「手」についても体の一部ではあるものの、この場合には独立性が比較的高く感じられ、その動きに方向性を見出すことが可能となる。方向義をいかに読み込むかという観点から見ると、例えば、劉月華主編1998：342は"直起腰来"を方向義を表すものに区分しているが、これが"伸起腰来"であればその動きは必ずしも上向きに限定されるものではなく、むしろ開始義として捉えられることになる。

主体の移動を表す動詞の中でも、様態（manner）を表すものについては［＋持続性］という意味特徴を有しており、開始を表すこととなる。

(6) 跑起来
　　　［走りだす］

また"爬山"からは現実的な状況に基づいて［＋上方向］の動きが連想されうるものの、これは"跳起来"のような垂直を軸とした動きではなく、むしろ接地面との相対的な関係において「歩く」「走る」などと同様に捉えられるものであり、"爬起山来"では開始義のみとなる。

空間義から時間義への比喩的拡張は他の言語においても広く見られる現象であり、"起来"については起点からの離脱を表すことが時間的な始まり、すなわち開始義とリンクする動機づけとなっている。上記X〜Zのようなケースでは通常その動きの過程が取り立てて焦点化されることがないために開始とは捉えられないが、これに時間的な要素を積極的に読み込むことにより、開始義を表すことは可能である。例えば"蹦起来"で見てみると、

(7) a. 小狗从地上蹦起来
　　　　［子犬が地面から飛び上がった］
　　b. 趴了一会儿，小狗又蹦起来
　　　　［しばらく腹ばいになってから、子犬はまた飛び跳ねだした］

　　　　　　　（例（7）は房玉清1992b：24　下線は引用者）

例 (7a) では方向義が、例 (7b) では開始義が表されている。

9.3. 開始義について

9.3.1. 開始義と完成義

　"起来"の表す起点から離脱する動きを、我々は（事態・動作の）発生・出現という概念に転用して認識することができるものの、Vの性質により、これを開始・完成（およびそれに伴う結果）のいずれの側面において捉えるかという点で差が生じる。状態義は時間的な展開について述べたものであり、この意味では開始を表すものとして、"起来"は多くの動詞・形容詞と結び付く。一方、結果義については、"起来"と結び付く動詞はそれ自体で完成段階が語彙的に指定されているものであり、各動詞の意味特徴を反映させた様々な"起来"の文法的意味が設定されているのが現状である。以下、"V起来"の表す開始と完成の両義の関連について考察する。

　動詞"集中、统一、结合、藏"などと結び付く"起来"の表す意味について、《现代汉语八百词》（増訂本）に次のような記述が見られる。

　　("起来"：引用者) 表示动作完成，兼有聚拢或达到一定的目的、结果的意思。

　　　　　　　　　《现代汉语八百词》（増訂本) 441　下線は引用者)
　　[("起来"は) 動作の完成を表す。あわせて、集まる、ある目的・結果に到達するといった意味を有する。]

　中でも、「分散から集中へ」というイメージで捉えられる、いわゆる「集中義」がその突出した特徴として取り上げられることが多いように思われる。とりわけ教学の場においてその傾向が著しく見られるために、中国語学習者は時として、上記例 (2b)、(3b) をそれぞれ例 (2a)、(3a) と同様の完成の意味で捉えてしまうことになる。しかし、実際には次の

例も含めて、しばしば集中義を表すものとして示される"V 起来"フレーズを用いて、開始義を表すことは可能である。

(8) a. 儿童公园里有用冰堆起来的滑梯。
　　　［児童公園には氷で作った滑り台がある。］
　　b. 艺术家们用冰堆起滑梯来了。
　　　［芸術家たちは氷で滑り台を作りはじめた。］
(9) a. 房屋是用一块块砖砌起来的。
　　　［家屋は1つ1つレンガを用いて築き上げた。］
　　b. 工人用一块块砖砌起房子来了。
　　　［労働者は1つ1つレンガを用いて家を築きはじめた。］

　　　　　　　　　　（例（8）（9）は劉力 2000：144　体裁は引用者）

劉力 2000 は"V 起来"の形を用いた例（8a）（9a）を「おわりの局面」を表すもの、"V 起 O 来"の形を用いた例（8b）（9b）を「はじまりの局面」を表すものとして、形式と意味の間に関連を見出している。ここでは著者（丸尾）なりに分析を加えてみると、例（8a）（9a）は動作主が現れていない静態的な表現であることに加えて、「連体修飾（8a）」[3]、「"是…的"構文（9a）」といった統語形式のもたらす文法的な働きにより"V 起来"の表す完了・実現の意味が明確となっているのに対して、例（8b）（9b）では動作主による動作・行為が前景化されている。先の例（3）においても"把 OV 起来"と"V 起 O 来"という統語的要因が意味的な差異を生み出していたが、とりわけ命令文では語順の差が文の成立の可否に関わることになる（例（10b）は不成立）。

(10) a. 你把东西收起来！
　　　　［物を片付けなさい！］
　　 b. *你收起东西来！

また、同一の形式を用いて多義的に捉えられるものとして、唐正大 2005 は先の例（4）に加えて、さらに次のような例を挙げている。

[3) 木村 1982：28 は時間を指示する標識を伴わない動詞は、連体修飾節においては已然を指す傾向が強くなると述べている。

(11) a. 他筹备起军队来了。(例 (4) の再掲)

　　　　［彼は軍隊の設立に着手した。］【起始】／［〜設立した。］【完結】

b. 房子造起来了。

　　　　［家を作りはじめた。］【起始】／［〜作った。］【完結】

c. 她打扮起来了。

　　　　［彼女は化粧をはじめた。］【起始】／［〜化粧をした。］【完結】

　　　　(例 (11) は唐正大 2005：258　日本語訳および体裁は引用者)

しかしながらここでは前後の文脈がないということもあり、著者（丸尾）の調べた限りでは、例 (11b)（＝例 (2a)) を完成義、例 (11c) を開始義の方でそれぞれ捉えるインフォーマントが多く見られた。例 (11b) とほぼ同義となると予想される

　　(12) 房子盖起来了。(王志英 2006a：57)

についても、王志英 2006a では「家が建った」(原文では「家が完成した」と訳されている) という意味の完成を表すものとして示されている。先の例 (3a) では "把" を用いることにより対象が特定のものとなっている点が例 (3b) とは異なっていたが、ここでも "房子" が主題となり特定のものとして提示されていることが、完成義につながるものと思われる。

　　さらに、例 (11a) 〜 (11c) は「製作」という点で共通しているものの、「出来上がっていく物」に対する認識の差がここでは感じられる。すなわち、完成につながる形成の意味が、その具体性という点で例 (11c) ではより希薄となり、加えてこれを一定時間内における連続した行為の持続として捉えることが、開始義につながるものと思われる。刘月华主编 1998：362 が結果義（隆起）に区分している "鼓、胖" についても状態義としての解釈は可能であり、次の例においてはどちらも形成義を表すものであるものの、その形成に要する期間の長さの違いにより、状態変化に対する認識の段階に差が認められる。

　　(13) a. 气球鼓起来了。

　　　　　［風船が膨らみはじめた／膨らんだ。］

b. 肚子鼓起来了。
　　　　［腹が出た。］

例（13a）のように眼前でその状態変化の一連の過程を認識できる際には開始義および完成義が、例（13b）のように、ある時点での変化を捉えて叙述する場合には完成義が前景化される。しかし、後者のように形成が連続的に捉えられない場合であっても、時間的な要素の導入により、開始を表すことは可能である。

　（14）他最近胖起来了。
　　　　［彼は最近太りだした。］

ここでは、以前と最近を対比させて「新たな事態の発生」と捉える認識が開始義につながる。また"最近"を幅をもった期間と見なすと、目下進行中の事態という意味で漸次的に程度の増す持続義となる。

　こうした捉え方を、上で見た例（11c）の開始義に適用すると
　（11）c. 她打扮起来了。（再掲）

ここでは"打扮"の語義に依拠して「化粧をはじめた」という（眼前における）具体的な動作の開始と、「おしゃれをするようになった」という以前との対比から生じる新たな事態の発生が表されることになる。また、先の例（12）を開始の意味で捉えるには、次のように動詞"開始"を用いて、その意味を明示する方法が考えられる。

　（12）′房子开始盖了。
　　　　［家を建てはじめた。］

9.3.2. 持続義

　動詞"跑、写、笑、唱"などを"V起来"の形で用いた場合には、その動作の形成を開始という形で認識できる[4]。このことは従来より、「無

4）同様の指摘は、平井1997にも見られる。
　　「形成」のうち，「事物の形成」については，それが形成された時点で動作が完結をみるのに対し，「動作の形成」については，それが形成された時点は動作の「開始」時点と等しくなる。
　　　　　　　　　　　　　　　　　　　　　　　　　　　（平井1997：71）

から有」「静態から動態」への状態変化といった概念を用いて説明されてきた。例えば平井1991は、次の例（15）について「"起来"と"了"の表す意味には何らの違いもないように思われる」（157頁）と述べているが、ここでは事態の発生を表すという点で共通性が見出せる。

(15) a. 老头儿们一起"嘎嘎"地笑了。
　　　　［老人たちは一緒にゲラゲラと笑った。］
　　 b. 老头儿们又"嘎嘎"地笑起来了。
　　　　［老人たちはまたゲラゲラと笑いだした。］

(例（15）は平井1991：157)

「～しはじめる」という開始の意味で用いられるのは持続的な動詞であり（従って開始に続く持続をも表せる）、非持続的な動詞については"V起来"の形は不成立とされる。しかし瞬間的な行為であっても、反復により持続状態が形成されるため、開始義を表すことができる旨、戴耀晶1997ほかにも記述が見られる。

　　瞬间动词在句子中如果具有"重复"意义，它表示的动作可以延续，则可以带"起来"，……例如：
　　　(142) a. 喜庆的锣鼓敲起来了。

(戴耀晶1997：96)

［日本語訳は第8章の **8.3.1.** に見られる同引用箇所を参照］

動補フレーズ"咳嗽起来"なども、こうした認識に基づく。
　一方で、次の例（16）においても主体が複数であることにより反復がもたらされているものの、ここでは個々の行為の区切りが際立ちすぎるためであろうか、持続的に捉えることができない。したがって、"起来"を用いた開始義が不成立となる[5]。

(16)（「友人たちが（続々と）結婚しはじめた。」の意味で）
　　　＊朋友们(陆续)结起婚来了。(靳卫卫1997：264)
　　　→ 朋友们(陆续)开始结婚了。(靳卫卫1997：267　体裁・

下線は引用者）

また"敲、咳嗽"などに見られる反復はひとまとまりの連続的なものであるが、次の例（17）と（18）では個々の行為・事象は背景化され、事態の発生という観点から開始義が前景化されている。

(17) 一进腊月，乡亲们就宰起猪来（《动词用法词典》883）
　　　［旧暦の12月に入ると、村人たちは豚をつぶしはじめる］
(18) 秋风一吹，树叶就落起来了（《动词用法词典》485）
　　　［秋風が吹くと、木の葉が落ちはじめた］

　形容詞は本来的に状態を表すものであり、"冷起来、平静起来"などは開始を表すものとして捉えられる。賀国偉1995はこの開始義（例(19)）に加えて、「形容詞+"起来"」の形が「結果」を表すものとして例(20)を挙げている。

(19) 父亲说："七叔，家乡毕竟是一天比一天好起来了。我们也一样。"（賀国偉1995：114）
　　　［父が言った。「七叔、故郷は何といっても日ごとによくなってきている。我々も同じだ。」］
(20) 所以在归途上，他们对于这演讲的认识，是又比较深刻一点起来了。（賀国偉1995：114）
　　　［だから帰り道で、彼らのこの講演に対する認識はまた少しばかり深まった。］

例(19)では状況が日ごとに更新されていくという認識から持続的に、

---

5) ただし文脈により、行為の連続性が積極的に表されるようになると、"結婚"についても持続的に捉えられ、"起来"を用いて開始義を表すことが可能となる例は存在する。

　　到了这个年龄，周围的朋友同事都呼啦啦争先恐后结起婚来。
　　　　　　　　（http://butterflycll.blog.sohu.com/23793661.html）
　　［この年になると、周囲の友人・同僚が皆どっと先を争って結婚しはじめた。］
本書第8章の注4の"结起婚来"の例もあわせて参照。

例(20)ではある時点での状態が、以前との対比に基づく変化(すなわち以前より認識が深まった)という認識から結果的にそれぞれ捉えられている。このように事態の掌握の仕方に差が見られるものの、ともに新たな事態の発生を表しているという点では共通している。

9.4.「形成」という概念

9.4.1."起来"の表す意味

刘月华1988a：78は方向補語の表す結果義について、「方向補語は動作の実現の結果を表すのみで、それ自体は特別な意味をもたない」とする見解と「それ自体がある種の特殊な結果の意味を有する」とする２つの見解が存在することを挙げたうえで、刘氏自身は後者の方に積極的な価値を見出す立場をとっている。しかしながら"起来"についてはその用法の多様性から、とりわけ個々のものを概括する概念を打ち出すことが困難となっている。例えば

(21) 把雨伞打起来

　　[傘を開く]

(22) 吹起来一个气球（《动词用法词典》128　誤植引用者訂正)[6]

　　[風船を膨らませた]

などの例に見られる"起来"の用法が想起させる「拡散」のイメージは、いわゆる「集中義」とは相反するものである。

　各用法をリンクさせる試みは、孟琮1987：263－266などにも夙に見られる。平井1997にも「～『集中』から『接触，結合』("连接起来"，"缝起来"等)へ，更に『拘束』("抓起来"等)や『隠蔽』("藏起来"等)へと派生が進むことは周知の通りである」(71頁)のような記述が見られる。こうしたリンクを背景に、参考書類で例えば単独で"藏起来"を取り上げ、これを「集中」の類で説明するものも見られるが、中国語学

---

6) 平井1997でも、この例(22)を含めた"起来"について、「『集中』の他に『拡大』を表すのであろうか？」(69頁)と述べられている。

習者にとってこれだけでたやすく理解できるものとは言いがたい。またこの集中義に伴う「一点に収斂していくイメージ」は容易に着点を想起させるものであり、このことはむしろ"起(来)"が"上(来)"とは異なり、起点の側を焦点化するものであるという性格と相容れないものではなかろうか。

実際、上記刘月华1988a：78の言う前者の見解をとる立場も多く見られる。刘广和1999：13－14では「"关上""种上"の"上"の表す意味はそれぞれ『合わさる』『付着させる』とされるが、それは動詞自身の意味である」との立場から、"团结起来"などにおける"起来"についても「集中」の意味は動詞自体の意味であり、"上、起来"を「動作・行為の実現、完成」を表すものとしている。吴洁敏1984、贺国伟1995なども同様の見解をとるものである[7]。

また、小学館の『中日辞典』(第2版)には"起来"の用法について、従来の「集中義」に類する記述にとどまらない、次のような機能面に言及した説明が見られる。

> (前略)"藏起来"(隠れる．隠す)，"收起来"(しまっておく)のように「放任・放置 → 収束・収蔵・制御」という，そのままにしておかれたものに対してなんらかの枠をはめて<u>新しい形と力が与えられ</u>るという意味を表す．"团结起来"(団結する)，"把精神集中起来"(精神を集中する)のような例でも「分散 → 集中」という，ばらばらのものが一つに合わさって形をなし，<u>新しい機能を発揮し始める</u>意味を表す．
> 　　　　　　　(小学館『中日辞典』第2版(2003年)：1146

---

7) 荒川1989は動詞"放"の基本義を「手をはなす」(12頁)ことだとし，"放起来"〔しまう〕における集中義を「"〜起来"との結合によってはじめて獲得されるものである」(22頁)としている。一方で，刘月华主編1998：354は，それ自身で"收存"〔しまう〕の意味を表す("起来"と結び付く)動詞として"收、保存、<u>放</u>"などを挙げている。

下線は引用者。体裁も一部変更）

　ここでは「新たな状態・効果の始まり」という開始義を強く示唆する見方が提示されている。
　"起(来)" は "上(来)" と異なり、着点を想定したものではないという移動に関わる性格を考慮した場合、その派生義は到達が強く意識された結果義・完了アスペクトといった概念と直接的には結び付かない[8]。平井1997も「一般的に言って『方向義』が基本義となって『結果義』が派生されると考えるべきであるが、『上がる，上げる』という方向義から直接『集中』が派生したと考えるのは困難である」(70頁)と述べたうえで、「上がる、上げる」に由来する「形成」を「集中」の意味的基礎と見なしている。
　本章でも、刘月华主編1998の分類する「結果義」に混在するこうした各種意味を広くカバーしうるものの1つとして「形成」という概念に着目し、その「形成」がどのような形で実現・認識されるのかについて、以下述べる。

9.4.2.「形成」のバリエーション

國廣1982はアスペクトを次のように定義している。

> アスペクトは時間の区別を超越して、できごとを全体的にひとまとめにしてとらえるか、できごとの展開のしかたを詳しくとらえるかという、心理的把握のしかたを表現する言語的手段を指す。前者を「完了アスペクト」、後者を「未完了アスペクト」と呼ぶ。
>
> （國廣1982：2）

上記「開始義」を表すケースにおいては、持続的な動作の過程が焦点化

---

[8] 刘月华1988b：10-11では、"起" 類と "上" 類の方向義を表す際の意味的差異に基づいて、"起(来)" の表す結果義について考察している。

されていた。これに対し、動詞"抓₂[捕まえる]、关"などについては瞬間的な行為であり非持続的であるが故に、"V起来"によって事態の内的な時間的構成の段階の1つである開始義（およびそれに続く持続義）を表すことはできない。讚井1996は"藏、围、团结、集合"などを限界動詞（telic verb）と呼び、これが"起来"と組み合わさった場合、「『発生かつ完成した状態』になることを表します」（59頁）と述べており、これは上記國廣1982の言う「完了アスペクト」に相当する。そして、我々は"团结、组织、集中、盖₁[建てる]、集合、归纳、合、凑、统一、联合、堆、加、接、填、继承、联系[結び付ける]、陈列、摆、排列、装[組み立てる]、团(纸)、包围、混、混合、调[調合する]"などについて、"V起来"によって表される行為の実現を、「具体的・抽象的な形の出現」として認識できる。

　ここでこれに関連して"恢复"を取り上げてみると、動補フレーズ"恢复起来"は例（23）のような開始および持続義に加えて、例（24）のような完成義を表すこともできる。

　　（23）一切都逐步恢复起来（《动词用法词典》342）
　　　　　［すべてが次第に回復しつつある］
　　（24）到现在还没有恢复起来（徐静茜1981：12）
　　　　　［今に至るもまだ回復していない］

徐静茜1981：12は例（24）について"恢复上来"と置き換えることができるとしているが、こうした「元の状態」という明確に想定できる「到達点」に向かっての変化が、上記"组织、盖₁[建てる]"などの場合と同様の「形成」という概念に結び付くものであると言える。

　前述のようにこれらの動詞は完成の段階に意味の重点が置かれているものの、ある物・状態の出現という点では、その形成に至るまでの過程が存在する。先の例（2b）、（3b）、（8b）および（9b）などに見られる開始義は、こうした認識に依拠したものである。統語的にはこの種の動詞については、"正(在)"などを用いて断続的な継続として表せる場合も見られる。

(25) 工会正组织着职工运动会（《动词用法词典》950）
　　　［労働組合がちょうど従業員の運動会を計画しているところだ］
(26) 这里的人们正在集合着，那里的人早就出发了
　　　　　　　　　　　　　　　　　　（《动词用法词典》352）
　　　［ここの人たちは今集まりつつある。向こうの人はとっくに出発した］

　ここで、中国語の"起来"に相当する英語の前置詞 up についての興味深い指摘を挙げておく。デイヴィッド・リー 2006 は up には「接近」の概念を表す用法がある（例：run up［駆け寄る］）と述べたうえで、roll up the carpet［カーペットを巻き上げる］、fold up the sheet［シーツをたたむ］のようなサイズが小さくなる（物が縮まる）意味で用いられる up は「そのモノのさまざまな部分が近づき合う」（45頁）という点で、接近の概念とつながっている旨、記述している。"起来"についてもこれと同様の認知的動機づけに基づく指摘が見られ、孟琮1987 は"叠、折、卷、挽"などを用いた"V起来"について、"合拢"［合わさる］からの派生義として"表示使物体在形体上变小、缩小"（264頁）［物の形を小さくしたり、縮めたりすることを表す］と述べている。刘月华主编1998：348 でも、上記動詞群に加えて"皱（眉头）［眉をひそめる］、板（面孔）［硬い表情をする］"など表情に関わるものと結び付く"起来"の表す意味を、結果義に属する"聚缩"［凝縮する］と見なしている。これらも「新たな形の出現」の一種であると言える。

　一方、"收、收拾、藏、躲、隐蔽、保存、留、扣留、埋、埋葬、关、抓₂［捕まえる］"などを"V起来"の形で用いた場合については、その「出現」を「新たな事態の形成」（整頓、隠蔽、拘束など）として捉えることができる。また、孟琮1987：264 - 265 が"V起来"の形で"收紧"［しっかり締める］という意味特徴をもつ V の例として挙げている"绑、捆、扎、绕、包"に加えて、"盖₂［かぶせる］、蒙、封、堵、塞"などについては、その事態の形成を道具（例：ひも、布など）の関与という側面から表したものであると言える。とりわけ次の V が持続の意味を含

まない例においては、開始義が「新たな事態の発生」（変化）という形で捉えられることになる。

(27) a. 叫起来
　　　　［叫ぶ］
　　 b. 亮起来
　　　　［明るくなる］
　　 c. 爆発起来
　　　　［爆発する］
　　 d. 场内顿时轰动起来（《动词用法词典》327）
　　　　［場内がたちまち沸き返った］
　　 e. 一上冰场就跌起跤来
　　　　　　　　（《动词用法词典》202　誤植引用者訂正）
　　　　［スケートリンクに出るや否や転んでしまった］

平井1991は"起来"の意味の1つとして「事態の意外性を表す」（154頁）ことを挙げているが、その場合も（予期していない）新たな事態の発生を前提としたものである。

(28) 他俩怎么会离起婚来了（《动词用法词典》465）
　　　［彼ら2人はどうして離婚なんてするんだ？］

9.5.　おわりに

「巻き上げる」意味を表す"卷、挽、撩"などと結び付く"起来"の用法について、9.4.2. で見た孟琮1987の言うような大きさの変化に着目した認知プロセスで解釈すべきなのか、上向きという方向義で解釈すべきものなのか判断が容易ではない。たとえ前者のように結果義と捉えるにしても、全体の中の連続した一部分の動きという認識でこれらを状態変化として解釈することもできる（9.2. の刘月华主編1998：362 − 363の記述について述べた箇所をあわせて参照）。その場合には動きの「独立性」という点で、また方向義とは一線を画することになる。この

ように複数の解釈が可能だという重複のもとに、"起来"の意味ネットワークが成立していると言える。

第10章

動補構造"开(来/去)"について

10.1. はじめに

　いわゆる方向動詞("趋向动词")に言及した記述において、とりわけ"开"をその中に加えているか否かという点で、研究者によって異同が見られる[1]。そして、これが複合方向補語として用いられた"V 开来/V 开去"（Vは動詞）に関する先行研究は他の方向補語の場合と比べると圧倒的に少なく、とりわけ"V 开去"まで包括した"开"類の用法についての比較的まとまった記述は、管見の限りでは刘月华主编1998に見られるくらいである。"开来/开去"の用法上の解釈にはその使用頻度の低さに加えて、地域的あるいは（この二者を書面語的な色彩が強いとする）文体的な差異、時代的な要素などの読み込み方に大きな個人差が見られるため、統一的な見解を得ることは容易ではない。
　こうした事情を反映してか、日本における初級テキストなどに掲載されているいわゆる方向補語の表で、"开/开来/开去"を載せているかどうかにもばらつきが見られる。そして表中に記載されている場合でも、"开去"が欠けていたり[2]という「不完全な」形で提示されている

---

1) もっとも、後述のように本動詞としての"开"はそれ自体では移動義を有するものではない。「李临定1990.《现代汉语动词》, 中国社会科学出版社」や、「北京大学中文系现代汉语教研室编1993.《现代汉语》, 商务印书馆」の方向動詞を扱った箇所では、"开"は除外されている。また方向動詞の体系を論じた辛承姫2000は統語的制約における場所目的語との関係から、"起"と"开"を方向動詞に準じるもの（"准趋向动词"）として分類している（109 - 110頁）。なお、特に断りのない限り、本章で言及する"开/开来/开去"は補語成分を指すものとする。

のが現状である。

中国語の方向補語は（とりわけ派生義に見られるように）意味的に結果補語の下位分類だと見なすことができるものの、両者を別個に区分した場合、明確な方向性を有さない"开"からはむしろ結果補語寄りの性格を強く見出せるようにも思われる。本章では、補語として用いられた"开／开来／开去"の各種用法について考察するとともに、主に"开"の有する離脱義という概念から、三者のもつこうした両補語に関わる性格の解明を試みる。

10.2. 移動動詞の体系から見て

中国語で経路位置関係を表す場合、主としてVL（Lは場所を表す語句）の形を用いる手段、介詞を用いる手段などがある。VL形式においてLの意味役割はVによって付与されるものであるが、この場合、次のように数量的には着点をとる方向移動動詞が多く見られる。

(1) a. 上、进、回、来、去、<u>出</u>、<u>下</u>　　＋L【着点】
　　 b. <u>出</u>、<u>下</u>（、起）　　　　　＋L【起点】
　　 c. 过　　　　　　　　　　　　＋L【通過点】

この中で"出"と"下"については、結び付く目的語によって（相反する概念である）起点義・着点義ともに表しうる[3]。

(1) b₁. 出【着点義】出海、出场、出世
　　　　　【起点義】出家、出院、出门
　　 b₂. 下【着点義】下乡、下狱、下水、下井、<u>下船</u>
　　　　　【起点義】下车、下台、下马、下飞机、<u>下船</u>

"下船"は「船に乗る」「船から降りる」の両義を有する。

一方、同じく例（1b）類の一種である"起"は起点をとると言っても、

---

2) 朱德熙1982：128 は、北京語では"开去"はないとしている。
3) （1b₁）および（1b₂）の例は、丸尾2005：247 − 248 のものを一部変更して使用した。

それは通常"床"に限られ、その場合にもＬは必ずしもベッドを指すわけではないという点で、実移動というよりイディオム化（「起きる」の意味）していると言える。そして、"开"については後ろに場所目的語をとるものではない。すなわち典型的な方向動詞が通常主体の動きを表すのに対し、動詞"开"の意味としては「開く」「運転する（例：开出停车场）」などであり、（「（部隊が）出動する」という限定的な意味を有するものの、通常は）第一義的に移動を表すものではない。"开"は補語として用いられた場合に、「離脱」という移動義を表せるようになる。また他の複合方向補語がそれ自体独立して動補フレーズとしても使用できるのに対し、単独の"开来／开去"では位置関係を反映した主体の移動を表すことはできない[4]。

　移動を位置変化を伴うものと広く捉えると、例えば「窓を開ける」という行為にも開閉方式によっては確かにそうした面を見て取ることはできるものの、移動主体が経路上における独立した動きではないため、これはむしろ全体の中の一部の現象という認識から状態変化的に捉えられるものである。これに対し、「ふたを開ける」という行為については状態変化および移動という両観点から、補語"开"だけでなく"起"を用いて表すことも可能である。

　　(2) a. 掀起盖子
　　　　b. 掀开盖子

ここでは"起"の表す方向義、"开"の表す結果義（後述 **10.3.1.** 参照）という概念から、例（2a）では対象が持ち上げられるイメージにより、通常ふたがはずれて分離する状況が容易に想像できるのに対し、例（2b）では対象であるふたは分離するものでも、（ダンボールを折って箱にしたときのふたに相当する部分のように）その一部が固定されたもの（非独立的）でも構わないという形状に着目した相違点を挙げるインフォーマントが少なくない。

---

[4] 朱德熙 1982：128 で、"开来"は"粘着形式"［拘束形式 bound form］であると言及されている。

この移動主体の独立性という概念は、離脱義に関しては主に"V下"と"V开"の用法の差に現れる。

(3) 付着　　　　　　　　　　　　　離脱

　　戴上(帽子) ／穿上(衣服) ⟷ 摘下(帽子) ／脱下(衣服)

　　　　　　　　　　　　　　　　　　　　　　　[＋alienable]

　　关上／闭上　　　　　　⟷　打开／睁开／张开

"V下"を用いた場合には、対象の独立性が読み取れる。この認識の差異により、例えば「ベルトをはずす」という行為を表す日本語の表現の対応訳としては、次の2通りのものが考えられる。

(4) a. 把腰带解开
　　b. 把腰带解下来

　　　　　　　　　　　　　　　　　(例(4)は丸尾2005：245)

起点・着点の存在を前提としない離脱義の"开"を用いた例(4a)では「ベルトのバックルをはずすだけ」であるのに対し、着点指向の"下(来)"を用いた例(4b)では「ベルトをはずして抜き取る」という対象物の最終的な位置まで表すことになる。

10.3. "V开"

10.3.1. 結果義寄りに捉えられる場合

動詞"开"は「開ける；開く」の意味で、他動詞・自動詞いずれの用法も有する。

(5) a. 开门［ドアを開ける］
　　b. 门开了［ドアが開いた］

しかし、他動詞と言っても、「開ける」の意味で自由に目的語をとれるわけではない。

(6) 打开／开　＋　门、锁、罐头、抽屉、窗户

　　打开／?开　＋　箱子、包裹

　　打开／*开　＋　书、笔记本、地图、书包、课本

このように目的語との組み合わせで見ると、"开"よりも"打开"の方が広く用いられることが分かる。形態論のレベルでは自動詞・他動詞の区別を有さない中国語の方向動詞は"出钱、出主意"などイディオム化したものを除いて、目的語との結び付きがかなり制約されるために、他動詞表現では通常、前項に使役の手段を表す動詞を付加することによって、これらを補語として用いることになる。

(7) a. *把桌子出去 → 把桌子弄出去［机を（外に）出す］
　　 b. *把东西回去 → 把东西放回去［物を（元の場所に）戻す］

"开"についても同様にVC（Cは補語）の形で使役化することによって、より広く目的語をとれるようになる。

　　 c. *开眼睛 → 睁开眼睛［目を開ける］
　　 d. *开嘴　 → 张开嘴［口を開ける］

以下のリストは、他動詞に相当する"V开"の体系を示したものである。これらはその対象に対する働きかけから、「元々くっついていたものの分離」というイメージ・スキーマで捉えられるものである。

```
┌「開ける」（打开／开开）のバリエーション：
│            推开、翻开、掀开、揭开、拉开、拧开、睁开、张开
└「分ける」（分开／隔开）のバリエーション 5)：切开、割开、放开
    ┌「切る」（切开）のバリエーション：
    │            剪开、锯开、裁开、扯开、铰开、剁开、划开、撕开
    │「割る」（割开）のバリエーション：
    ┤            敲开 6)、咬开、掰开、夹开、劈开、凿开
    └「放す」（放开）のバリエーション：解开、松开、拆开
```

ここでは「開ける」「分ける」、および後者の下位区分としての「切る」「割る」「放す」などが対象物の形状・種類などによって分類され、各バリエーションにおける"V开"形式からは、働きかけの様態性（「切る」

---

5) 物理的な働きかけではない"区別开"も「分ける」類の一種だと見なすことができる。

「割る」のタイプについては主としてどのような道具を用いるか）を個別に見出すことができる。

　ここで補語の部分が表す文法的意味について考えてみると、

　　(8) a. 留下、固定下来　【安定】
　　　　b. 結合起来　　　　【分散から集中へ】
　　　　c. 挙起、升起来　　【上への移動】

文法書類で示される方向補語が表す【　】内のようなそれぞれの意味は、その前に置かれた動詞固有の意味であって、補語の部分が表すのはその行為の達成（結果・完了義）であるとする立場の先行研究も少なくない。こうした見方に従うならば、"开"が結果義を有すると見なされるのも、上記リストの中の"V开"に「他動詞＋自動詞」の形で表される因果関係が見出せることに加え、"打开"のような一語の動詞として用いられるものを除き、"V开"形式におけるVの多くが、それ自体で「開ける、分ける」意味を本来的に含意することによる要因が大きい。

10.3.2.　移動義が認められる場合

　刘月华主编1998は方向補語"开"を「方向性を有する移動」と、「結果的なもの（分離・広がり）」および「状態を表すもの（静態から動態への変化）」に（"吃得/不开"のような"熟語"を除いて）三分している。

　　趨向意义　：走、跑、躲、让、离、搬　……　＋　开
　　結果意义　：分、睁、掰、拆、打　　　……　＋　开
　　状態意义[7]：说、想、吃　　　　　　　……　＋　开

　　　　　　（刘月华主编1998：381 － 395　体裁は引用者）

---

6) この"敲开"は「たたいて割る」の意味である。「扉を開ける」意味では"推开门、拉开门"と"敲开门"を比べたとき、扉を開ける主体が前二者は「働きかけの主体自身」であるのに対し、"敲开门"では「ノックの音を耳にした（扉の内側の）相手」となっているという点で違いが見られるために（例：敲开他家的门［彼の家のドアをノックして開けてもらう］）、表中では"敲开"を「開ける」のバリエーションに入れていない。

前二者は離脱という動きに伴う一連の概念で捉えられるものである（"結果意义"を表すものについては 10.3.1 で見た）。《现代汉语八百词》（増訂本）は補語"开"の意味を人や事物が動作の結果、「分離する」（"分开"）、「離れる」（"离开"）、「広がる」（"展开"）ことを表すとしているが（329頁）、後二者に関する離脱のイメージは移動主体により、次のように図式化できる。

【図1】　　　　　　　　　【図2】

【図1】の「離脱」は瞬間的な基点からの一方の動きを表したものであり、当該事態の中核を占める。"离开"などがこれに相当し、ここでは方向義が読み取れる。【図2】の離脱は不特定方向への「広がり」であり、これは持続的かつ広範囲にわたる「非有界的な」移動として捉えられる。個体的な"散开"や非個体的な"蔓延开"などがこれに相当する。

10.3.2.1.　主体の移動

　動詞"走"には「歩く」と「離れる」の意味があるが、この様態性の含意の有無により、"走开"の表す意味に差が生じる。

　　(9) a. 走₁［歩く］：
　　　　他一个人慢慢地走开了。
　　　　［彼は1人でゆっくりと（歩いて）離れていった。］
　　　b. 走₂［離れる］：
　　　　今天事情多，我走不开（《动词用法词典》948）
　　　　［今日は用事がたくさんあって、私は離れられない］

「歩く」意味の例 (9a) "走开"では「離脱＋（その後に続く）持続的な移動」が、「離れる」意味の例 (9b) では「離脱」のみが表されている。

---

7) 刘月华主编 1998：391 には、この"状态意义"としての"开"と"起来"の比較が記述されている。関連事項について、本章では 10.6. で述べる。

"走₁"の意味で《动词用法词典》に挙げてある"你快走开"（947頁）[早く失せろ] という例についても、様態が問題とならない命令文という性格上、むしろ"走₂"の離脱として解釈されるべきものである。また"跑"についても

(10) a. 她不知自己嘴里说的是什么，冷淡地一扭身就跑开了。

(《青春之歌》33)

[彼女は自分が口の中で何を言っているのか分からず、冷ややかに背を向けて走っていってしまった。]

b. ……说着就从大和的手中夺出权来，来打二和，二和跑开了，小胖跑过来把老刘拦住。(《刘二和与王继圣》597)

[言いながら大和の手の中からフォーク状の農具を奪って、二和をたたこうとした。二和が逃げ出すと、小胖が駆け寄ってきて老劉をさえぎった。]

ここでは三人称の描写という状況によって走る様子は確かにうかがえるものの、"跑开"が単独で用いられた場合には、"跑"のもつ「逃げる；去る」という語義に通じる離脱義の方が前景化されていると言える。これが"游开、飞开"などになると様態性は強く感じられるものの、対象 (O) の移動まで含めた主体 (S) の移動を表すより生産的な離脱のタイプとしては、通常"V走"の形が担うこととなる。

(11)　　Sの移動：游走、飞走 ……

　　　　S＋Oの移動：拿走、带走、借走、搬走 ……

10.3.2.2.　除去義

除去義を表す"V开"には、自動詞的なものと他動詞的なものがある。

(12) a. 躲开、让开、闪开、站开　【どく】

b. 搬开、拿开、挪开、踢开　【どかす】

これらは上記刘月华主编1998の分類に照らして言うと、"趋向意义"に相当するものである。ここでは「除去」に対する認識に見られる「方向（移動）義〜結果義」の揺れの問題について考える。

第10章　動補構造 "开(来／去)" について

「除去」という認識には「(ある目的遂行のために) そこに存在しているものが邪魔なので…」という強い動機づけを見て取ることができる。従って焦点化されるのは元の場所となり、通常「有から無へ」の変化が前景化されることになる。

　一方で、こうしたものは実際には主体・対象の位置変化を伴うため移動的に捉えることができる (前掲の【図1】のイメージ)。例えば "把孩子抱开" は「子供を抱えてどかす」の意味であり、ここでは着点は想定されていないため、降ろす場所はすぐ傍らでも構わない一方で、また次の例に見られるような距離を伴うものでもよい (方向義寄り)。

(13) 孩子吵死人了，快把他抱开！

(《汉语动词 ― 结果补语搭配词典》204)

　　　　　［子供がうるさくてたまらない。早く抱えて向こうに連れていけ！］

これに対し、

(14) 扒开草丛

　　　　　［草むらをかき分ける］

のような表現では対象物が分離するわけではなく (一点において固定されている)、非移動的である (結果義寄り)。

　この方向義・結果義という区分には、そこにどれだけ移動的な要素を読み込むかという認識が関わっている。例えば刘月华主编1998の "推开" を用いた例で、(15a) は方向義、(15b) は結果義の例としてそれぞれ挙げられている。

(15) a. 马腾推开顾向文。(刘月华主编1998：383)

　　　　　［馬騰が顧向文を押しのけた。］

　　b. 就在这时，服务员把房门推开，……

(刘月华主编1998：385)

　　　　　［まさにこのとき、従業員が部屋のドアを押し開けると］

ここでは、対象の動きの独立性が分類に際しての判断基準となっていると思われる。

　こうした両性格を有する "开" が往々にして方向補語に区分されるの

は、ひとえに統語的に"来／去"と結合することによる。これに対し、例えば着点指向の"到"が一般に方向補語と見なされないのは"来／去"と直接結ばないことに加えて（＊V到来）、意味的にも結果義を多分に含意することによる。

　　(16)　走<u>到</u>火车站
　　　　　［駅まで歩く］（移動＋到達）

10.4. "V开来／V开去"

10.4.1. "V开来"

　先行研究でも既に指摘されているように、"V开来"は物理的移動にはほとんど用いられない。方向補語の組み合わせという点からその位置関係について見ても、"进来、下去"などが一体化した動きを表すのに対し、"开来"の表す「離脱＋接近」（＊離れてくる）という複合的な移動は、捉えがたいものである。確かに（次のような）やや古い作品には移動を表す実例も見られるものの、こうした表現自体に抵抗を示すインフォーマントは少なくない。

　　(17)　(有些要哭，<u>跑开来</u>拉住了庄子的袖子,)我不相信你的胡说。
　　　　　　　　　　　　　　　　　　　　　　　　（《故事新编》164)
　　　　　［(ちょっと泣きそうになって、駆けてくると庄子のそでをつかんで)
　　　　　　私は君のいい加減な言葉など信じない。］

　この"V开来"という形は、**10.3.1.**で挙げた分離の意味を表すものに広く用いられる。

　　(18)　推开来、切开来、放开来　……

しかし先行研究の記述で挙げられている次のような"V开来"の例についても、違和感を覚えるインフォーマントは少なからず存在する。

　　(19) a.　打开抽屉来（范继淹1963：154）
　　　　　　　［引き出しを開ける］
　　　　 b.　把箱子打开［来］（《现代汉语八百词》（增订本）329）

［箱を開ける］

これが行為の様子がより具現化され、その結果、対象の移動義が比較的明確に読み取れる次の例では、"V 开来"の容認度はさらに低下する。

(20) a. 把抽屉拉出来
　　　　［引き出しを引き出す］
　　 b. ??把抽屉拉开来

10.4.2. "V 开去"

一方、刘月华主编1998の"实际语言中较少使用"（398頁）［実際の言語ではあまり使われない］という記述に代表されるように、その形に対する「認知度」が"V 开来"の形よりさらに劣る"V 开去"については、主に主体の移動を表す用法が見られる。

(21) ……拉住想走开去的江华，急促地说：……（《青春之歌》407）
　　　［立ち去ろうとする江華を引きとめ、慌ただしく言った。］

(22) 他完全可以旁若无人地离开去，甚至于可以冷冰冰地丢下几句报复的话。
　　　　　　（http://lls.nau.edu.cn/njsj/course/view.jsp?zip=9137)
　　　［彼は全く傍若無人に去っていくことができた。甚だしくは冷ややかに報復の言葉をいくつか残すことさえもできた。］

例(21)(22)では離脱が表されている。この形で多く用いられる「様態移動動詞＋補語"开去"」のパターンでは、"开去"の部分が「離れていく」という「離脱＋離脱（起点指向）[8]」の組み合わせとなった「客観的な移動」が描写されている。以下例を挙げる。

(23) a. 他很快跑了出来。……过了一会儿，他才睁开眼，快步走了开去。（《四世同堂：饥荒》202）

---

8) 日本語の「行く」に相当する"走""去"について、その場からの離脱を表す前者に対して、後者ではVLの形で目的地（着点）が想定されうるものの、例えば"他去中国了。"では実際の到着は含意の問題であり、必ずしも保障されるものではない。その場合、出発義寄りに解釈できる。

[彼は素早く走り出てきた。(中略) しばらくすると、彼は目を見開いて、足早に去っていった。]

  b. 那黑家伙这时又转回身去，采了几颗果子放入嘴中边咬边走开去。(《祖先》89)
[あの黒い奴がこのときまた振り返り、果実をいくつかもぎ取って口の中に放り込むと、咬みながら去っていった。]

  c. 长根站了起来，一步一步地走开去，我听到他喻喻地说：……(《活着》250)
[長根は立ち上がると、一歩一歩離れていった。私は彼がボソボソ言うのを聞いた。]

(24) 陈玉英就替这孩子付了钱，小男孩拿着雪人儿蹦蹦跳跳地跑开去了。(CCL 语料库)
[陳玉英はその子に代わって金を払った。小さな男の子は「雪だるま」を持ったまま、飛び跳ねるように駆けていった。]

(25) 蔡真慌忙接着说，又跳了开去，很高兴地哼着什么歌曲。
(《子夜》452)
[蔡真は慌ただしく続けて言うと、また飛び跳ねていった。うれしそうに何か鼻歌を歌っていた。]

(26) 我不禁想起鲁迅小说《在酒楼上》的主人公，像苍蝇一样飞开去，绕个圈，又回到原来的地方……
   (http://blog.sina.com.cn/s/blog_a7af59c401014qft.html)
[思わず、魯迅の小説『酒楼にて』の主人公がハエのように飛んでいって、ぐるっと回って、また元の場所に戻ってくるのを思い出し]

(27) 小鲤鱼有点儿失望地游开去。他游啊游啊，又游到了南岸边。(http://www.7zzy.com/ertongwenxue/zhihuigushi/2008-09-18/82.html)
[小さな鯉は少々失望して泳いでいった。ずっと泳いでまた南側の岸まで泳ぎ着いた。]

(28) 桥已经断裂了，残木在水中漂开去，时沉时浮，仿佛是被洪水

冲垮的。(《一个地主的死》308)
　　[橋はもう壊れてしまった。残骸の木が水の中を漂っていく。浮いたり沈んだりしながら、まるで洪水に押し流されて壊れたかのようだった。]

ここでは共起する二重下線で示した語句によって、いずれも持続的な移動の過程が表されていることが分かる（例（25）～（28）では"V 开去"の後に続く部分で具体的に描写されている）。一方で、次の（29）のような例については特にその移動の過程を強調する必然性が感じられないため（上記二重下線に相当する部分もなし）、これを瞬間的な出来事と捉え、離脱のみに言及した"V 开"にすべきだとするインフォーマントが多くなる。

　（29）他来不及再跟喜鹊说话，就嘟的一下飞开去了。
　　　　　　　　　　　　　（喜多田1987の引用例）（→ 飞开）
　　[彼は再びカササギと話をする間もなく、バサッと飛んでいった。]

こうした概念を方向との関係に適用すると、

　（30）a. 向四周飞开(去)
　　　　　　[四方に飛んでいく]
　　　　b. 现在让我们想象一个大粒子，它是不稳定的，很快就会衰变成两个小粒子，向相反的两个方向飞开去。
　　　　　（http://blog.sina.com.cn/s/blog_74b2163d01012cq3.html 誤字引用者訂正）（→ *飞开）
　　　　　[今1つの大きな粒子を想像してみよう。それは不安定で、瞬く間に崩壊して2つの小さな粒子となって、2つの反対方向に飛んでいく。]

個別の動きをある1つの事象として捉えた例（30a）では不特定の方向であるため意味的に離脱・過程ともに表しうる（故に"飞开""飞开去"ともに可）のに対し、例（30b）では特定方向への個別の動きを伴うため、"V 开去"の形が用いられることになる。

　上記例（23）～（28）は"V 开去"が文末あるいは文中の区切りに置

かれたもので、そのフレーズとしてのまとまりは明確であるものの、一方で、やはり"V 开去"の形に強い違和感を覚えるインフォーマントは少なくない。こうした事情も手伝って、後にさらに行為が続くものについては"开"と"去"の間に断絶を感じ取る解釈が優勢となる。すなわち、次のような例を「"V 开"＋"去"」と切り離して捉えるということである。

 (31) 绮霞先放下碗走开去倒茶。(《春》25)
   ［綺霞はひとまずお碗を置くと、その場を離れてお茶を注ぎに行った。］

 (32) 觉英不理她，却跑开去拾了几块石子来，……(《春》67)
   ［覚英は彼女を相手にせず、走っていって石をいくつか拾ってきた］

例えば例（31）であれば、まずお碗を置いて離れて（"走开"）からお茶を注ぎに行く（"去倒茶"）のように、"去"と後ろの行為との結び付きを強く読み取るのである。この場合には"V 开去"を動補構造（離脱＋離脱）としてではなく、連動構造（離脱＋着点への移動）として捉えていることになる。これは習慣的に"V 开去"という組み合わせを受け入れがたいものとする心理的な作用に加えて、さらに、動補構造"V 开去"の"去"が着点を想定したものではないのに対し、ここでは後ろに行為が続くことから、その行為遂行のための目的地が（言語化はされないものの）前景化され、"去"が着点指向的に捉えられることによるものだと考えられる。

10.5.　「広がる」意味

10.3.1.で見た"打开、分开"類は、対象が独立して分離することを積極的に述べたものではない。そうした意味で、次のような対象（O）が連続的な広がりを有するものについても、その延長線上のものとして捉えることができる。

 (33) a. 伸开［足、腕などを伸ばす］　　O の例：腿、胳膊、双臂

b. 铺开［敷く］　　　　　　Oの例：床单、被子
　　　c. 摊开［ならして広げる］　　Oの例：书、纸、稿纸
（34）再稀一点儿就涂开了（《中国语补语例解》469）
　　　［もう少し薄くすれば（広く）塗れる］
（35）药调开了才能用（《中国语补语例解》457）
　　　［薬は調合してからでないと使用できない］

　例（33c）では独立した対象を1つずつ並べていくことにより、全体的な広がりが生まれる。例（35）は薬の調合がむらなく行われる意味に加えて、その対象自体の広がりのイメージから「液体に溶かす」という状況が想定されやすい。

　これがさらにスケールの大きな広がりに発展すると、移動としての認識が生じてくる。《现代汉语八百词》（増訂本）に、「広がる」意味を表すときには"V开"と"V开来"は互いに交換可能で意味も変わらない旨記述が見られる（329頁）。加えて"V开去"にもこの意味があることは、次の例における対比的に用いられた各語句からも明らかである。

（36）街上的裙子就这样<u>汇聚起来</u>，又那样<u>分散开去</u>。
　　　　　　　　　　　　　　　　　　　　（《一九八六年》179）
　　　［町の「スカート」はこのように集まって、また、あのように散らばった。］

　ここでは"开去"が、「分散から集中へ」の意味を表す"起来"の部分と対比させられている。このように、上記 **10.3.2.** の【図2】のイメージで捉えられるものについては、"V开来"のみならず"V开去"も可能である。

（37）传开（＋来／去）　　推行开（＋来／去）　　蔓延开（＋来／去）
　　　散开（＋来／去）　　扩散开（＋来／去）

　これは、「広がる」意味ではその過程を持続的に捉えることによって、それを移動として認識できるからである。例えば、次の「音」のような明確な輪郭をもった移動として認識できないものについても、"V开去"の表す移動の概念が消失義に転用されている。

(38) ……清冷的声音慢慢<u>散开去</u>，幽幽的。

(http://tieba.baidu.com/p/1086733)

［ひんやりとした音が徐々に散っていき、弱々しくなった。］

もっとも"散开"類で表される事象については、たとえそこから個々の動きを読み取ることが可能であっても、あくまで全体的な広がりとして認識されるものであり、これは独立した特定の方向性を伴うものではない。

(39) 十二个轿夫和三四个仆人聚在一起讲话，听见了招呼轿子的声音，连忙<u>分散开来</u>，每人站在自己的位置上，……（《春》154）

［12人のかごかきと3、4人の下男が一緒に集まって話をしていたが、かごを呼ぶ声を耳にすると、慌てて散らばって、各人自分の位置に立って］

(40) 一群一群栖息的鸟，从树林里像喷泉一样飞向空中，<u>在光芒里四散开去</u>。（《祖先》76）

［一群ずつ生息している鳥が、林の中から噴水のように空に向かって飛び立ち、光の中で四方に飛び散った。］

例（40）では範囲を表す"在"フレーズと"V开去"の形が共起している。これらは一種の状態変化として捉えられるものである。"爆炸［爆発する］、爆裂［破裂する］、飞溅［飛び散る］"などの広がりを伴う動詞を"V开来"の形で用いた場合には、瞬間的（突発的）な事態であるが故に、とりわけ状態変化としての認識が強くなる。

一方、こうした全体的な広がりを表すものとは異なり、"传开"については、その主体である「情報」は目標を設定すれば一定の方向性を有することができるために、移動の軌跡を線的にもイメージしうる。従って、例えば次の例においては着点が後ろに明記されていることにより"传开"ではなく、そこに至るまでの過程を明示するという意味で"传开去"を用いなければならない（例（30）もあわせて参照）。

(41) "<u>传开去</u>给三先生知道了不是玩的！"（《子夜》195）（→ *传开）

［伝わっていって三さんに知られたら、しゃれにならない！］

そして、ここでは移動的に捉えられることから、発話者への接近という視点を投影させた"传开来"も使用可能である。

10.6. 開始義

"开"（および"开来"）には、"起来"同様に「開始して継続していくこと」(『講談社 中日辞典』第 2 版（2002 年）、880 頁) を表す用法が見られる。

(42) 这种音乐慢慢流行起来（／开来）。

（房玉清 1992a：543　体裁は引用者）

　　　［このような音楽が次第に流行りだした。］

(43) 听了老初的话，大伙议论开来了。(《暴风骤雨》382)

　　　［初さんの話を聞くと、皆議論をはじめた。］（→ 议论起来）

これは"开"の表す移動という概念から見ると、「離脱以降の着点が想定されない動きの過程（持続的）」という空間領域に関わる概念を時間領域（起動相〜継続相）に転用したものだと言える。従って、動きを伴う動詞と"开"をともに用いた場合には、往々にして「移動」「開始」の両義が融合されることになる。

(44) 兔子见着狗就逃开了 (《动词用法词典》709)

　　　［ウサギは犬を見ると逃げ出した（その場から離れた／逃げはじめた）］

次の 2 つの例の"V 开"も「〜しはじめる」の意味で"V 起来"と置き換えられるが、前者を用いた場合には、さらに先の【図 2】で表される「広がる」イメージにより、それぞれ (45)「(1 羽あるいは複数のタカが) 飛び回る」、(46)「(辺り一面を) 舞う」という移動に関わる意味を見出すことが可能となる。

(45) 放出去的鹰在天上飞开了 (《动词用法词典》262)

　　　［放したタカが空を飛びはじめた］

(46) 外面飞开雪花了 (《动词用法词典》264)

［外で雪が飛びはじめた］

次の例（47）では **10.5.** で見た物理的に「広がる」意味を表す"散开来"が用いられているが、とりわけ二重下線で示した時間的な要素が共起しているような場合には、新たな状態への変化が前景化された開始義というものを強く読み取ることができる。

(47) 一股亮红的火光从黑暗里冒出来，升上去，升到半空，<u>忽然</u>散开来，发出许多股细的金丝，倒垂下来，……（《家》159）

　　　［真っ赤な火炎が暗闇から噴き出すと、上に上がっていき、空中まで達すると突然散らばって、たくさんの細い金の糸を発して、さかさまに垂れ下がってきて］

《动词用法词典》にある次の"V 开"を用いた例について、上記のような状態変化という概念を当てはめると、この場合でも"V 开来"が成立すると予想される。

(48) 太阳一照，路上、屋顶上的雪就<u>渐渐的</u>化开了

　　　　　　　　　　　（《动词用法词典》336）（→？化开来了）

　　　［太陽が照らすと、道や屋根の雪が次第に溶けはじめた］

こうした置き換えを理屈どおり全く問題ないとするインフォーマントがいる一方で、受け入れ難いとする者も少なくなく、その容認の度合いには差が見られる。もっとも"化开来"というフレーズ自体は、実例でも使用されている。

(49) ……<u>一到</u>大热天路上的柏油就都化开来，走起路来会粘鞋底。

　　　　　　　　（http://wangjianshuo.com/claire/000125.htm）

　　　［ものすごく暑い日になると路上のアスファルトがすべて溶けて、歩くと靴底にねばりつく。］

(50) 那浓郁香醇的味道在舌尖<u>渐渐地</u>化开来，……

　　　　　（インターネットより　誤字引用者訂正　URL は不明[9]）

　　　［あの濃厚で芳醇な味が舌先で次第に溶けてくる］

(51) ……层次丰富的口感<u>瞬间</u>在嘴里化开来，保证意犹未尽。

　　　　　　　　　　（インターネットより　URL は不明）

［幾重もの豊かな風味が瞬時に口の中で溶けて、思いが尽きないこと請け合いだ。］

そしてここでもやはり二重下線で示したような、時に関連する語句がともに使われており、開始義とリンクした新たな状態への変化が表されていると言える。

10.7. おわりに

　以上、主に離脱という観点から"V 开／V 开来／V 开去"三者の用法について考察した。非移動的な"V 开来"に対し、"V 开去"は持続的な移動を表すことができ、これが両フレーズにおける結果義・方向義の差異に結び付くことになるものの、両者はインフォーマントが積極的に用いる用法ではないことに加え（とりわけ"V 开去"は本章で見たような文学作品などでの用法に限られる）、本章で挙げた用例についても、多くの場合"V 开"で担うことが可能であるが故に、結果義と方向義が混在することとなっている。

9）例 (50) (51) については、本章の元となる論文を執筆した 2006 年当時に利用した URL にあった 2 例が本書の執筆時（2014 年）には検索できなくなっており、出典が不明となってしまったものの、論証の際に必要な言語資料であると判断して、ここに掲載した。なお、インフォーマントチェックは、他の例と同様に受けている。

第 11 章

中国語の方向補語について
―日本人学習者にとって分かりにくい点―

11.1. はじめに

　中国語の方向補語は、最も基本的かつ不可欠な文法事項の１つであり、ほとんどの初級テキストでも扱われている。しかしながら紙幅の制約もあって、テキストでは方向補語の組み合わせのパターン、および主体の移動を表す典型例といった比較的理解しやすいもののみが示されるケースが少なくないために、とりわけ対象の移動を表すケースなどは、実際に使いこなすのは容易ではない。本章ではそうした方向補語の各種用法について、主に日中対照という観点から日本人学習者にとって分かりにくい点を整理したうえで、その要因を探る。

11.2. 問題の所在

　以下、日本人にとって理解が容易ではないと思われる方向補語に関する用法を個別に列挙しつつ、その要因を併記する。

11.2.1. 派生義

　代表的な難点としては、まず方向補語の派生義を覚えることが挙げられる。多岐にわたる派生義の各用法については、辞書でもその説明に多くのスペースが割かれているものの、現在では大部分の学生は電子辞書を使用しているため、紙媒体でのケースのように「視覚的に」相互の意

味の関連性を実感することが困難になっている。

この派生義の多寡には補語によって差が見られる（刘月华主編 1998 では、方向補語の各項目の説明に割くページ数の差に、そのことが反映されている）。空間認識において中核的な位置を占める"上（来／去）、下（来／去）"などの"上、下"類には派生義が多く見られるのに対し、"出、进"類では起点・着点が「閉じた空間である」というイメージに束縛されることもあり、派生義は"上、下"類ほど多くはない[1]。さらに"回"類に至っては、抽象義への広がりが認められず、方向義を表すにとどまる。

この派生義の習得に関してはイメージで捉えることが、中国人的な発想を身に付けるという点で有効であるともしばしば主張される。例え

---

1) 刘月华 1988a の段階では、補語"进（来／去）"には"结果意义"［結果義］はないと明記されている（78 頁）ものの、刘月华主編 1998 では、新たに"凹、陷、瘪"と結び付く"进（去）"を結果を表すものとして認めている（207 および 216 頁。ただし、「へこむ」という現象についても形状変化を引き起こす力の作用（加え方）から、方向性を読み取ることは可能である）。これに対し、杨德峰 2005：30 は"陷进去、瘪进去"における"凹陷"の意味は、陷、瘪自体の意味だとして異を唱えている。結果義に関して、例えば"团结起来"と"关上、种上"それぞれにおけるいわゆる「集中」および「合わさる：付着する」の意味を動詞自体に本来的に備わっているものとするか（その場合、"起来、上"はいずれも「動作・行為の実現、完成」を表すものとされる）、補語の部分が表すものとするかの判定については、各種方向補語の文法的意味を考える際にもしばしば問題となる。刘月华 1988a：78 は方向補語の表す結果義について、「方向補語は動作の実現の結果を表すのみで、それ自体は特別な意味をもたない」とする見解と「それ自体がある種の特殊な結果の意味を有する」とする 2 つの見解が存在することを指摘したうえで、刘氏自身は後者の方に積極的な価値を見出す立場をとっている。これに関連して、"起来"の表す意味について、荒川 1989 は動詞"放"の基本義を「手をはなす」（12 頁）ことだとし、"放起来"［しまう］における集中義を「"～起来"との結合によってはじめて獲得されるものである」（22 頁）と述べて、その補語の有する意義を見出している。一方で、刘月华主編 1998：354 はそれ自体で"收存"［しまう］の意味を表す（"起来"と結び付く）動詞として"收、保存、放"などを挙げている（すなわち「しまう」の意味を"放"自体のものと見なしていることになる）。この"放"については、日本国内で出版された辞書の中では『中国語大辞典 上』（角川書店、1994 年、890 頁）や『白水社 中国語辞典』（伊地智善継編、2002 年、366 頁）などが「しまう」の意味を挙げている（ただし前者では方言とされている）。

ば、文法書類で"出来"の表す意味について「産出」（例：想出来）、「識別」（例：听出来）のように個別に示されるものの、その中核にあるのはあくまでも「出現」という認識である。また、"起来"の表す代表的な用法として「集中義」（例：団結起来、組織起来）が挙げられ、古川2009では「1カ所に集まって来て、ひとカタマリになる」（68頁）というイメージで捉えられている（【図1】）。

【図1】

（古川 2009：68 より）

同様に、刘月华主编1998では（広がるイメージで捉えられる）補語"开"と相反するものとして、"起来"のイメージを次のように表示している。

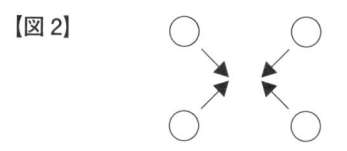

【図2】

（刘月华主编1998：346 より）

学習者にとって、こうした図示は確かに分かりやすいものと思われる。一方で、この集中義に伴う「一点に収斂していくイメージ」は容易に着点を想起させるものであり、このことはむしろ、同じ「上がる」意味を表す"上"が着点に焦点がある（例：上台［舞台に上がる］）のに対し、"起"は起点を焦点化するものである（例：起床［起きる］）という性格[2]と抵触することになり（【図3】参照）、この両概念にいかに整合性をもたせるかということが更なる課題となってくる。

---

2) 空間義から時間義への比喩的拡張は他の言語においても広く見られる現象であり、"起来"に関しては起点からの離脱を表すことが時間的な始まり、すなわち開始義（〜しはじめる）とリンクする動機づけとなっている。

【図3】　　　着点　●　　↑
　　　　　　　　　↑　　●
　　　　　　起点
　　　　　　　　　上　　起

11.2.2. 日本語と中国語の移動表現に関する相違点

　移動表現に関する日本語と中国語の対応の不一致という点では、以下のような事象が挙げられる。

①「教室に入ってくる」という表現について、日本語ではデフォルト値となっている「歩く」という様態が、中国語では"走进教室来"のように言語化されることが多い。逆に、これを日本語で「教室に歩いて入ってくる」と訳すと、くどく感じられる。

②通過を表す"过"は、「橋、トンネル」などの区切りが明らかな場合のみならず、次のような明確な境界の示されない同一空間の移動を表す場合にも現れる。
　　(1) 飞机从空中飞过去了。
　　　　［飛行機が空を飛んでいった。］
ここでは話者の「視界」という境界を導入することにより、その区域の通過として捉えることができる。しかしながら、"过"が本動詞として用いられる次のような会話では、我々日本人は通過や境界ということを特に意識せずに常用表現として覚えることになる[3]。
　　(2) A：你过来！　［おいで！］
　　　　B：我马上过去。［すぐ行きます。］

③"回"［戻る］については派生義をもたず、その用法が取り立てて問

---

3) "过"の用法に対する考察については、本書第7章を参照。

題となることはないものの、例えば次の例（3）では行為の対象が「元の場所」に移動するわけではなく、また例（4）では「同一物の移動」を表すものではない。

(3) 我让他一到目的地就给我拍回一封电报

（《汉语动词用法词典》269）

[私は彼に目的地に着いたらすぐに電報をくれるように言った]

(4) 一斤黄豆可以换回两斤豆腐（《中国语补语例解》222）

[1斤の大豆は2斤の豆腐と交換できる]

これらはもはや「"回"＝戻る」という対訳の構図では捉えられないものであり、ここでは中国人の「ホーム」に対する認識が言語化されていると言える（議論の詳細については、本書第6章を参照のこと）。

④動詞と方向補語の意味関係に着目すると、主体の移動を伴うものとして"跑进来"［駆け込んでくる］【同時型】や"买回来"［買って（それから）帰ってくる］【先後型】といったフレーズに加え、さらに"坐过来"［こちらに来て（それから）座る］および"坐进来"［(中に)入ってきて座る］のような「動作の順と言葉が逆に配列されている用法」[4]が見られる。このような言い方は既習の語の組み合わせにすぎないとは言うものの、日本人学習者にとっては容易に使いこなせるものではない。このタイプの例をあわせて挙げておく。

(5) 你再睡过来点儿（《中国语补语例解》428）

[もう少しこっちに来て寝なさい]

(6) 站在排外的人赶快站回去（《中国语补语例解》554）

[列の外に立っている者はすぐに戻って立ちなさい（→ 並びなさい）]

(7) 同学们先坐回去，有问题一会儿再讨论

（《汉语动词用法词典》485）

[(生徒に向かって) みんな、ひとまず戻って座りなさい。問題があ

---

4) 荒川2006や杉村2007：168 − 170では、このタイプが扱われている。

れば、しばらくしてから話し合おう〕

⑤「座る」の意味では"坐、坐下、坐下来"のいずれの形でも用いられるのに対し、その反義語である"站"〔立つ〕については通常は方向補語を付した"站起来"の形で用いられるため、学習者には不均衡に感じられる（"来"の代わりに目的語を用いた"站起身"のような形も成立するが、通常、文法書類も含めて言及は見られない）。また"请进。"のように単独の述語として使える動詞"进"が、"? 可以进吗?"（＝後述例（8））では不自然となる点などにも、方向動詞の使用の難しさが現れていると言える。

上記①～⑤で言及した事象以外では、とりわけ補語"来／去"の用法については中国人の発想・認識というものまで含めた理解が必要となり、習得が容易ではない。例えば、次のような日本語の動詞の部分をそのまま訳しただけでは、中国語としては不自然または非文となる場合が少なくない。

(8) 入ってもいいですか？
　　? 可以进吗？ → 可以进来（／去）吗？
(9) 君は帰っていいよ。
　　*你可以回。→ 你可以回去。

ここでは方向補語"来／去"を付加する必要がある。以下、この"来／去"の用法を中心に分析をすすめる。

11.2.3. 日本語訳に現れない"来／去"

我々が「動詞＋方向補語」の組み合わせ（フレーズ）を覚えるに際して、日本語の複合動詞と比較した場合、通常、中国語では話者との関連付けを表す"来／去"が現れる点に相違が見られる。以下、具体例で示す[5]。

【主体の移動を表す場合】
(10) 滑り降りる：滑下来／滑下去
　　 這い出る　 ：爬出来／爬出去
　　 駆け込む　 ：跑进来／跑进去

この"来／去"を付加した形は、"把"構文を用いた対象への働きかけ、あるいは状態変化などを表す場合にも多く用いられる。

【対象の移動を表す場合】
(11) 入れる　：放进来／放进去 [6]
　　 はがす　：揭下来／揭下去
　　 取り出す：拿出来

【動作の方向を表す場合】
(12) （パソコンのキーを）押す：(把键)按下去／??按下来

【状態変化を表す場合】
(13) a. 出っ張る：凸出来
　　　　 へこむ　：凹下去／凹进去
　　 b. 正気を取り戻す：醒过来
　　　　 気を失う　　 ：晕过去

上記「主体の移動を表す場合」については、日本語でも「駆け込んでくる／いく」のように話者との位置を反映させて表現できるものの（その際でも「くる」に対し、「駆け込む」のように「いく」は言語化されないことが多い）、その他の行為や状態についても、中国語では"来／去"による視点の導入が必要となる点、我々外国人にとっては理解しにく

---

5) **11.2.3.** における用例には、主に丸尾 2005：205 - 206 からのものを使用した。
6) "放进来"は「こちらに入れる」、"放进去"は「あちらに入れる」の意味である。

い。例えば、例（11）の「はがす」および例（12）の「押す」では、動作主の動作に働きかけの方向が反映された"揭下来"と"按下去"がそれぞれ無標的（unmarked）となる。

11.2.4. 統語的制約

「～を出る」の意味を表す中国語の移動動詞"出"が目的語をとった"出国、出门"などの組み合わせは辞書の見出し語として収録されるような慣用的なものであり、"?出教室、?出森林"のような組み合わせになると、単独のフレーズとしては不安定である。よりフリーな結び付きとするには、統語的に"出"の前に動詞を付加する必要がある（本書第4章の **4.2.** 参照）。

 （14）走出教室
   ［教室を出る］

ただし、次の例のようにさらに後に語句が続く場合などは、この限りではない。

 （15）出教室往左拐
   ［教室を出て左に曲がる］

中国語では、フレーズとしての成立の可否と文中の一部の構成要素となった場合における成立の可否にギャップが見られる現象はこのようなものに限られず、例えば構造助詞"的"の要不要などについても見られるものであり[7]、学習者を悩ませる一因となっている。

 方向補語の学習の際に単純方向補語、複合方向補語という用語を用いて導入される組み合わせについて、「動詞＋"来"類」（例：买来）およ

---

7) 例えば「安い物」を中国語で表現すると"便宜的东西"のように、通常"的"が必要となる。これに対し、"便宜货"［安物］だと熟語化しており"的"は不要である。ただし、"便宜的东西"も文中で使われると"的"の省略が可能となるなど、"的"の要不要を外国人が判断するのは容易ではない。
  她喜欢买便宜(的)东西。
  ［彼女は安い物を買うのが好きだ。］
（この注7には丸尾2010a：189の記述を体裁を一部変更して使用した。）

び「動詞＋"上"類＋"来"類」（例：跑上去）の例に比して[8]、「動詞＋"上"類」の単独のフレーズとしてのテキスト類における提示例はほとんど見られず、通常"坐下、放下"など一部のものに限られる[9]。このタイプには、フレーズとして示される際には目的語を伴うか、あるいは場所・動作の受け手などを表す目的語の代替としての"来／去"を付加する必要があるという統語的制約が見られる（例（10）〜（13）でもそのような形で示されていた）。

(16) a. *走进 → 走进教室［教室に入る］／走进来［入ってくる］

　　 b. *站起 → 站起身［立ち上がる］／站起来［立ち上がる］

　　 c. *转过 → 转过身［体の向きを変える］

　　　　　　　　　　　　／转过来［（こちらを）振り向く］

(17) a. *把文件装进

　　 b. 把文件装进书包里

　　　　［書類をかばんに詰め込む］

　　 c. 把文件装进去

　　　　［書類を詰め込む］

　　　　　　　　（例（17）は丸尾2005：227　体裁は引用者）

(18) a. *把猪关回

　　 b. 把猪关回圈里（《汉语动词用法词典》156）

　　　　［豚を元通り囲いに閉じ込める］

　　 c. 先把那两条狼狗关回去（《中国语补语例解》196）

　　　　［まずあの2匹のシェパードを元通り閉じ込めよう］

（例（17）および（18）は、それぞれbが「＋場所目的語」、cが「＋"去"」の例）

---

[8] ここで言う"来"類とは"来、去"のことを、"上"類とは"上、下、进、出、回、过、起"のことをそれぞれ指す。

[9] 荒川2003は"来／去"以外の単純方向補語は「後に場所目的語を伴うのがふつう」としたうえで、「会話文で単純方向補語として出てくるのは"下"くらいです」と述べている（102頁）。

これは方向動詞が補語となっている場合のみならず、次のような述語として用いられた場合にも該当する（上述例（8）と（9）もあわせて参照のこと）。

(19) 君は昨日何時に帰ったの？
 a.　＊你昨天几点回的？[10]
 b.　你昨天几点回<u>家</u>的？【＋場所目的語】
 c.　你昨天几点回<u>去</u>的？【＋"去"】

（例（19）は丸尾 2005：235　体裁は引用者）

11.2.5.　使役化

中国語では、自動詞と他動詞は同じ形で示される。
 (20)　发展［発展する；発展させる］
    停［止まる；止める］

"出"にも「出る；出す」の両義があるものの、"出钱［金を出す］、出力［力を出す］"のような一部のイディオム的なものを除いて、単独では他動詞として自由に目的語をとることができない（荒川 2003：107 参照）。より自由な結び付きを実現するには、前にさらに動詞を付加する必要がある。同様のことを **11.2.4.** では移動動詞と場所目的語の組み合わせで見た（例：(14) <u>走出</u>教室）。とりわけ対象の移動を表す場合には、この統語的操作は「使役化」という文法的意味を有することになる[11]。次の例 (21) の「#」を付した各フレーズは他動詞的に用いられるものではなく（「出てくる」「入っていく」などの意味では成立する）、それぞれ矢印の右側のようにする必要がある。

---

10)　"？快回吧。"のような表現を用いるインフォーマントも実際には存在し、また小説中にも同様の例が見られる。
  最后萧队长说："好，你先回吧。"（《暴风骤雨》62）
  ［最後に蕭隊長は言った。「よろしい。君は先に帰りなさい。」］
 しかしながら、通常は（規範的には）やはり"快回<u>去</u>吧。"のような"去"を付加した形で用いられる。

11)　本書第 4 章の **4.3.** もあわせて参照。

(21) （取り）出す ：[#]出来 → 拿出来／掏出来
　　　 入れる：[#]进去 → 放进去
　　　 上げる：[#]上去 → 放上去
　　（持ち）上げる：[#]起来 → 拿起来／举起来
　　　 下ろす：[#]下来 → 拿下来

同様に、"回来／回去"にも自動詞的な用法しかないため、「戻す」意味を表すには具体的な動作を前に用いる必要がある[12]。

(22) 放回去［元の場所に置く］
　　　喊回来［呼び戻す］

次の2例は、例(21)で見たような一体化した行為ではなく、動詞と補語の部分が別個の出来事（例(23)）、あるいは相反する方向のイメージで捉えられる行為（例(24)）であることにより、"回(来)"の部分にとりわけ「戻す」という働きかけの意味を明確に読み取ることができる。

(23) 把他追回来了
　　　［彼を追いかけて連れ戻した］
(24) 这次能卖回本钱就不错了（《中国语补语例解》316）
　　　［今回売って元金を取り戻すことができれば上出来だ］

また、次の例(25)における"拼"は様態（manner）の意味が前景化されたものであるものの、"回来"を補語にするという統語的な制約から、これを用いる必要がある[13]。

---

12) この使役化により、フレーズ"买回来"には「買って帰ってくる」に加えて「買い戻す」の意味も見られることになる（杉村1991参照）。また、通常「取り出す」意味で取り上げられることの多い"拿出来"についても、主体の移動を伴った「(手に)持って出てくる」という意味で用いられることもある。
13) こうした統語的制約から加えられる形式的な（dummy）動詞として"弄、搞"などが挙げられる（a、bは結果補語の例）。
　　a. 坏［壊れる］→ 弄坏［壊す］
　　b. 清楚［はっきりしている］→ 弄清楚／搞清楚［はっきりさせる］
　手による動作を表す例(21)の"拿出来、掏出来"や"放进去"に対して、その手段は不明であるものの、「出す」「入れる」をそれぞれ"弄出来""弄进去"のような形で表すこともできる。

(25) 把奖杯拼回来了（《汉语动词用法词典》285）

[トロフィーを必死になって取り戻した]

例（24）および（25）では、動詞"卖"や"拼"自体が（戻ってくる）対象に対する直接的な働きかけを表すものではない。他動性の弱さという点では、次の例で補語の前に用いられている"错"は形容詞である[14]。

(26) 大艺术家即便错，也会错出魅力来。（《苏东坡突围》118）

[偉大な芸術家はたとえ間違ったとしても、間違ったなりに魅力を出せるものだ。]

「動詞＋結果補語・方向補語」の組み合わせが他動詞的に用いられるとき、補語の部分がどちらも目的語（の状態・方向）について述べたものである点は、日本語（の複合動詞の語構成）との相違としてしばしば強調される。

(27) a. 打死：打【主体の行為】＋死【対象の状態】

＊殴り死ぬ → 殴り殺す

b. 拿出来：拿【主体の行為】＋出来【対象の方向】

＊取り出る → 取り出す

ここで補語の部分が自動詞的に用いられていることは、上で述べた使役化の必要性と表裏一体をなしていると言える。

11.2.6. 認識に関わる用法

"来／去"の基本義は「近づく／遠ざかる」という移動義であり、そのどちらを用いるかという視点の取り方についても、我々外国人のものとは必ずしも一致しない[15]。その中でも、次のようなフレーズにおい

---

14) 张国宪2006：102は、この「間違っている」の意味の"错"を、動詞に近い性質を有する"変化形容詞"の典型例の1つとして挙げている。

15) 例えば例（2）のBの回答には、"过去"に加えて"过来"も用いられる。

(2)′A：你过来！［おいで！］

B：我马上过来。［すぐ行きます。］

ては「出現／消失」という話者の認識に関わる用法となっていると考えられる[16]。

(28) 出現：拿出来［取り出す］
　　　　　生下来［生まれる］
　　　　　吐出来［吐き出す］
　　　消失：咽下去［飲み込む］
　　　　　叠进去［(内側に) 折込む］
　　　　　擦去［ふき取る］
(29) a. 翻过来［表にする］　―　翻过去［裏にする］
　　　b. 凸出来［出っ張る］　―　凹进去［へこむ］
　　　c. 把舌头伸出来［舌を出す］
　　　　　　　　　―　把舌头缩进去［舌を引っ込める］
　　　　　　　　　（例（29c）は丸尾 2005：233）

しかしながら、こうした「視点」は必ずしも"来／去"だけによって担われうるものではない。例えば動詞"嫁"が立場の違いによって"出／进"のいずれとも結び付くのに対し、"娶"が通常結び付くのは"进"の方である。「貸す：借りる」の両義を有する動詞"借"については、補語"进"あるいは"出"との組み合わせによって貸し手・借り手間における方向が規定され、"借进"では「借りる」の意味を、"借出"では「貸す」の意味をそれぞれ表すことになる。これに対し、"买／卖"については、売り手（起点）から買い手（着点）への所有権の移動という認識から動詞自体によって方向性が特徴付けられ、通常それぞれの動作主体の視点を反映させた"买进(来) ― 卖出(去)"のような組み合わせが

---

16) 马庆株 1997 は "主观范畴" という概念を用いて "'来'、'去' 分别与主观上可见不可见、可感知不可感知有关、可以认为 '来' 与目击相联系。'去' 与消耗义有关，消耗义是由不可见义和不可感知义引申出来的"（198頁）["来" と "去" は、それぞれ主観上の見える・見えない、感知することができる・できないといったことと関係がある。"来" は目にすることと関連を有すると見なすことができる。"去" は消耗義と関係がある。消耗義とは見えない・感知することができないという意味から派生したものである] と解釈している。

無標的となる。しかしながら、実際には次のような"买出"の組み合わせの例も存在する。

(30) 他从邻居那里买出两间房子。（刘月华主编1998：219）
　　　［彼は隣人から2部屋買った。］

ここでは補語の"出"は単に「所有」という概念が形成する範囲・境界からの離脱を表すにとどまらず、上記 **11.2.5.** で見た使役化を伴う統語的操作のもたらす「（買って）取り出す」という対象への強い働きかけを表すことになる。その結果、例（30）からは、（数ある部屋の中から）ようやく（2部屋だけ）手に入れたという「苦心のニュアンス」を読み取ることが可能である（議論の詳細は本書第4章の **4.4.3.** を参照）。

11.2.7.　目的語の位置

「動詞＋方向補語」の形が目的語を伴うとき、目的語の種類によって、その置く位置に違いが見られる点も、明確な規則を導き出すのが容易ではないものの1つである。場所目的語の場合には、"来／去"の前に置くという規則が成り立つものの、それ以外の場合については、「場所目的語」のような特定の名称を用いて目的語の種類を限定（カテゴリー化）するのは困難であり、これを"非处所宾语"（ある文法書の用語）として括ってしまうのはあまりにも大雑把で漏れが大きくなる。そうした中で文法書やテキスト類において、有効な分類基準としてしばしば用いられるのが「持ち運び（あるいは移動）ができるかどうか」であり、次のように目的語の位置が論じられる。

ⅰ）持ち運び不可（場所目的語はこのタイプ）
　　　　　　　　　　　　→ 目的語は"来／去"の前に置く
　　a. 走进教室来 ～ *走进来教室
　　b. 下起雨来了。
ⅱ）持ち運び可 → 目的語は"来／去"の前後に置ける
　　c. 拿出一本书来 ～ 拿出来一本书

ただし、「持ち運び」という概念が直接的には適用できない、次のようなフレーズが目的語となった例も見られ、これが"来"の前あるいは後に置かれた形のいずれでも成立する。

　　(31) 想起<u>他叫什么名字</u>来了 〜 想起来<u>他叫什么名字</u>了
　　　　［彼が何という名前なのか思い出した］

また、持ち運びができるもので"来／去"の後に目的語が置けるのは、一般に動作が完了している場合であるとされるものの、著者（丸尾）の周りには次のような（まだ実現していない）命令文において両タイプの形を許容するインフォーマントが多く見られる一方で、この両者をともに不自然であるとする者が少なからず存在するのも事実である。

　　(32) ？你买回<u>一些水果</u>来吧。〜 ？你买回来<u>一些水果</u>吧。[17]
　　　　　　［少し果物を買ってきてください。］

このように判断に揺れは見られるものの、この日本語に相当するもっとも自然な中国語は

　　(32)′你买<u>一些水果</u>回来吧。

となる。

11.3. おわりに

方向補語"起来"が「〜しはじめる」という開始の意味を表すことは、初級文法にも出てくる基本事項である。ただし、これは"笑、哭"のような持続動詞と結び付く場合であって、次のような変化を表す場合にはそのように訳すことはできない。

　　(33) 一上冰场就跌起跤来（《汉语动词用法词典》102）
　　　　［スケートリンクに出るや否や転んでしまった］
　　(34) 一毕业就怀起孕来（《HSK 词语用法详解》232）

---

17) 例（32）を不自然とする文法判断については、本章の元となった論文（丸尾 2011a）の該当箇所のものを、その後の調査により変更した（それに伴い、記述も変更した）。

　　　　［卒業後すぐに妊娠した］
(35) 指南针怎么指起东来了（《汉语动词用法词典》466）
　　　　［コンパスがどうして東を指すんだ？］
(36) 没想到他又病起来了（《汉语动词用法词典》27）
　　　　［彼がまた病気になるなんて思いもしなかった］

　こうしたものはより包括的な観点から「新たな事態の発生」を表すという点で、"笑起来"などに見られる開始義とのリンクを見出すことが可能である[18]。

　専門的な論文など研究レベルにおいては、方向補語の表す意味をより広くカバーするために認知言語学的な手法も取り込みつつ、コアの抽出・意味ネットワークの構築といった試みが多くなされている。一方、テキストの記述や教授法などを扱う教学レベルでは、中核的な用法（プロトタイプ）、あるいは各種用法のうちのより特徴的なものを取り上げ、そのイメージの形成という観点からの説明が行われる。辞書は編集方針の違い、紙幅やその他の制約もあり、そのうちどのレベルを重視するかによって[19]、記述に差が見られることになる。

---

18) 補語 "起来" に関する一連の考察は、本書第8章および第9章を参照のこと。
19) 補語 "起来" について、小学館の『中日辞典』（第2版）には、従来の「集中義」に類する記述にとどまらない、次のような機能面に言及した説明が見られる。

　　　（前略）"团结起来"（団結する）, "把精神集中起来"（精神を集中する）のような例でも「分散 → 集中」という、ばらばらのものが一つに合わさって形をなし、新しい機能を発揮し始める意味を表す．
　　　　　　　　　　（小学館『中日辞典』第2版（2003年）:1146
　　　　　　　　　　　　　下線は引用者。体裁も一部変更）

　この「新しい機能」とは "起来" の本質に言及したものであろうが、これが具体的にどのようなものについて述べたものかは推測の域を出ず、さらに一般の学習者がこれを実感するのは容易ではないと思われる。

用例出典

巴金《春》，人民文学出版社（1992.7）。
巴金《家》，人民文学出版社（1994.11）。
曹桂林《北京人在纽约》，中国文联出版公司（1995.8）。
曹禺〈北京人〉，《曹禺文集》第 2 卷，中国戏剧出版社（1989.4）。
谌容〈人到中年〉，《人到中年》，张忆编，中国文学出版社（1993.12）。
蒋子龙〈赤橙黄绿青蓝紫〉，《蒋子龙文集》第 2 卷，华艺出版社（1996.4）。
老舍《骆驼祥子》，人民文学出版社（1989.9）。
老舍〈赵子曰〉，《老舍文集》第 1 卷，人民文学出版社（1993.3）。
老舍〈火葬〉，《老舍文集》第 3 卷，人民文学出版社（1993.3）。
老舍〈四世同堂：惶惑〉，《老舍文集》第 4 卷，人民文学出版社（1993.3）。
老舍〈四世同堂：偷生〉，《老舍文集》第 5 卷，人民文学出版社（1993.3）。
老舍〈四世同堂：饥荒〉，《老舍文集》第 6 卷，人民文学出版社（1993.3）。
老舍〈狗之晨〉，《老舍文集》第 9 卷，人民文学出版社（1993.3）。
老舍〈蜕〉，《老舍文集》第 9 卷，人民文学出版社（1993.3）。
老舍〈中华全国文艺界抗敌协会会务报告〉，《老舍文集》第 15 卷，人民文学出版社（1993.3）。
刘心武〈画星和我〉，《刘心武》，人民文学出版社（1996.10）。
刘心武《钟鼓楼》，人民文学出版社（1998.3）。
鲁迅〈在酒楼上〉，《鲁迅选集》第 1 卷，人民文学出版社（1991.3）。
鲁迅《故事新编》，CD-ROM「中国现代文学名著百部」(1)，北京银冠电子出版有限公司出版。
茅盾《子夜》，人民文学出版社（1988.11）。
茅盾《蚀》，CD-ROM「中国现代文学名著百部」(1)，北京银冠电子出版有限公司出版。
钱锺书《围城》，人民文学出版社（1993.5）。
沈从文〈三个男人和一个女人〉，《游目集》，CD-ROM「中国现代文学名著百部」(2)，北京银冠电子出版有限公司出版。
王蒙《恋爱的季节》，人民文学出版社（1993.4）。
王朔〈橡皮人〉，《王朔文集》挚情卷，华艺出版社（1994.10）。
杨沫《青春之歌》，北京十月文艺出版社（1995.9）。
叶辛《孽债》，江苏文艺出版社（1995.4）。
叶辛《家教》，江苏文艺出版社（1997.6）。

余华〈一个地主的死〉,《余华作品集》1,中国社会科学出版社(1995.3)。
余华〈一九八六年〉,《余华作品集》1,中国社会科学出版社(1995.3)。
余华〈祖先〉,《余华作品集》1,中国社会科学出版社(1995.3)。
余华〈活着〉,《余华作品集》3,中国社会科学出版社(1995.3)。
余秋雨〈苏东坡突围〉,《秋雨散文》,浙江文艺出版社(1995.9)。
赵树理〈李家庄的变迁〉,《赵树理文集》第1卷,工人出版社(1980.10)。
赵树理〈刘二和与王继圣〉,《赵树理文集》第2卷,工人出版社(1980.10)。
周立波《暴风骤雨》,人民文学出版社(1994.6)。
侯精一等编著2001.《中国语补语例解》(日文版),田中信一等译,商务印书馆。
黄南松・孙德金主编2000.《HSK词语用法详解》,北京语言文化大学出版社。
李临定・许小颖编著2008.《现代汉语短语解析词典》,商务印书馆。
李行健主编2004.《现代汉语规范词典》,外语教学与研究出版社。
鲁健骥・吕文华主编2006.《商务馆学汉语词典》,商务印书馆。
孟琮等编1987.《动词用法词典》,上海辞书出版社。
孟琮等编1999.《汉语动词用法词典》,商务印书馆。
施光亨・王绍新主编2011.《汉语教与学词典》,商务印书馆。
王砚农等编1987.《汉语动词 ― 结果补语搭配词典》,北京语言学院出版社。
杨庆蕙主编1993.《现代汉语正误辞典》,北京师范大学出版社。
杨庆蕙主编1995.《现代汉语离合词用法词典》,北京师范大学出版社。
陳文芷・陸世光主編2008.『ネイティブ中国語 ― 補語例解』,大修館書店。
『中国語』1995.12月号(No.431),内山書店。
北京大学中国语言学研究中心　CCL语料库检索系统(网络版)

主要参考文献

[日本語]

アンドレア・タイラー／ビビアン・エバンズ 2005.『英語前置詞の意味論』（国弘哲弥監訳），研究社。

荒川清秀 1989.「補語は動詞になにをくわえるか」,『外語研紀要』第13号, 愛知大学外国語研究室。

荒川清秀 1994.「買ッテクルと"买来"」,『外語研紀要』第18号, 愛知大学外国語研究室。

荒川清秀 2003.『一歩すすんだ中国語文法』, 大修館書店。

荒川清秀 2005.「"买回来"と"寄回来"— 中国語における他動詞＋方向補語の構造 —」,『中国語学』252号。

荒川清秀 2006.「"坐进来"と"送回去"—"坐""站""躺"＋方向補語にみられる三つのタイプ」,『中国語の補語』, 白帝社。

朴鐘漢 2000.「認知文法による現代中国語多義語の研究」,『中央大学論集』第21号（遠藤雅裕訳）。

デイヴィッド・リー 2006.『実例で学ぶ 認知言語学』（宮浦国江訳），大修館書店。

藤田糸恵 1993.「「完成」を表す"V好"と"V上"について」,『お茶の水女子大学中国文学会報』第12号。

古川裕 2009.『新感覚！イメージでスッキリわかる中国語文法』, アルク。

姫野昌子 1999.『複合動詞の構造と意味用法』, ひつじ書房。

平井和之 1991.「"～～起来"の表す意味」,『東京外国語大学論集』第42号。

平井和之 1997.「"～起(来)"の結果義について」,『中国語』2月号（No.445），内山書店。

方美麗 2004.『「移動動詞」と空間表現 — 統語論的な視点から見た日本語と中国語』, 白帝社。

ジョージ・レイコフ 1993.『認知意味論』, 紀伊國屋書店（池上嘉彦 他訳）(1998)。

菊田正信 1992.「中国語の補語"起""开"の意味」,『言語文化』第29巻, 一橋大学語学研究室。

木村英樹 1982.「5 テンス・アスペクト — 中国語」,『講座日本語学11 外国語との対照Ⅱ』, 明治書院。

喜多田久仁彦1987.「方向補語「开来」「开去」について」,『京都外国語大学研究論叢』第29号.

輿水優1980.『中国語基本語ノート』,大修館書店(1988).

國廣哲彌1982.「5 テンス・アスペクト — 日本語・英語」,『講座日本語学11 外国語との対照Ⅱ』,明治書院.

丸尾誠2005.『現代中国語の空間移動表現に関する研究』,白帝社.

丸尾誠2006a.「"过"の表す移動義について」,『現代中国語研究』第8期,朋友書店.

丸尾誠2006b.「方向補語"开／开来／开去"について」,『日中言語対照研究論集』第8号,日中対照言語学会(白帝社).

丸尾誠2008a.「中国語における「開始義」について — 方向補語"起来"の用法を中心に —」,『言語文化論集』第29巻 第2号,名古屋大学大学院国際言語文化研究科.

丸尾誠2008b.「現代中国語の補語"起来"について」,『日中言語対照研究論集』第10号,日中対照言語学会(白帝社).

丸尾誠2008c.「現代中国語にみられる空間認識」,『言語』7月号(第37巻第7号),大修館書店.

丸尾誠2009.「中国語の動補構造"V进(来／去)"について」,『日中言語対照研究論集』第11号,日中対照言語学会(白帝社).

丸尾誠2010a.『基礎から発展まで よくわかる中国語文法』,アスク出版.

丸尾誠2010b.「中国語の方向補語"出(来／去)"の表す意味」,『日中言語対照研究論集』第12号,日中対照言語学会(白帝社).

丸尾誠2011a.「中国語の方向補語について — 日本人学習者にとって分かりにくい点」,『言語文化論集』第32巻 第2号,名古屋大学大学院国際言語文化研究科.

丸尾誠2011b.「「他動詞＋"回(来／去)"」の形に反映された方向義 —「取り戻す」「押し返す」意味を中心に —」,『名古屋大学 中国語学文学論集』第23輯,今鷹眞先生喜壽記念号,名古屋大学中国語学文学会.

丸尾誠2012.「中国語の動補構造"V回(来／去)"について」,『日中言語対照研究論集』第14号,日中対照言語学会(白帝社).

丸尾誠2013.「「開始」を表す中国語の動補構造"V上"について」,『日中言語対照研究論集』第15号,日中対照言語学会(白帝社).

丸尾誠2014.「方向補語"下(来／去)"の派生的用法について —「量」の概念との関連から —」,『言語文化論集』第35巻 第2号,名古屋大学大学院国際言語文化研究科.

村松恵子 1986.「現代中国語のアスペクトと，いわゆる結果補語，方向補語」,『日本福祉大学　研究紀要』第 69 号.

野村益寛 2002.「〈液体〉としての言葉 — 日本語におけるコミュニケーションのメタファー化をめぐって」,『シリーズ言語科学 3　認知言語学Ⅱ：カテゴリー化』, 東京大学出版会.

大橋志華 2001.「動補構造「動詞 + "上"」に対応する日本語表現について」,『日中言語対照研究論集』第 3 号, 日中言語対照研究会（白帝社）.

王志英 2006a.「中国語の"起来"についての意味分析」,『中国語研究』第 48 号, 白帝社.

王志英 2006b.「"－起来"と"－下来"の比較について」,『沖縄大学人文学部紀要』第 7 号.

王志英 2006c.「中国語の"下"と"〜下"について」,『沖縄大学人文学部紀要』第 8 号.

劉力 2000.「中国語の「V 起来」「V 起 O 来」について」,『日中言語対照研究論集』第 2 号, 日中言語対照研究会（白帝社）.

讃井唯允 1996.「結果補語・方向補語とアクチオンスアルト (2)」,『中国語』8 月号（No.439）, 内山書店.

佐藤晴彦 1974.「趨向動詞〈〜開〉ノート」,『人文研究』第 26 巻 第 7 分冊, 大阪市立大学文学部.

佐藤晴彦 1976.「〈開始〉について」,『人文研究』第 28 巻 第 4 分冊, 大阪市立大学文学部.

島村典子 2007.「二音節動詞 + "回来"の表す統語構造と意味関係について — 様態解釈とデキゴト解釈をめぐって —」,『中国語学』254 号.

島村典子 2012.「補語成分"開"の意味ネットワークについて」,『中国語教育』第 10 号, 中国語教育学会.

杉村博文 1983a.「「むこう」と「こちら」の諸相 — 方向補語「過来」「過去」の用例と解説」,『日本語と中国語の対照研究』第 8 号.

杉村博文 1991.「「買って帰る」と「買い戻す」」,『中国語学習 Q & A101』, 大修館書店（pp.107 - 109）.

杉村博文 2000a.「"走進来"について」,『荒屋勧教授古希記念中国語論集』, 白帝社.

杉村博文 2000b.「方向補語"过"の意味」,『中国語』1 月号（No.480）, 内山書店.

杉村博文 2012.「電子コーパスを用いた現代中国語文法研究」,『中国語学』259 号.

朱継征 2004.「中国語の起動相について ―"开始～"と"～起来"の文法的使い分けと意味的分析を中心に ―」,『中国語学』251 号。

高橋弥守彦 2005.「位置移動の動詞"过"について」,『大東文化大学語学教育研究所創立 20 周年記念　現代中国語文法研究論集』。

高瀬利恵子 2004.「現代中国語における補語"上"の状態義 ― 命題態度を表す「語気補語」―」,『平井勝利教授退官記念　中国学・日本語学論文集』, 白帝社。

山田留里子 2003.『アスペクトをあらわす現代中国語方向動詞 ―"～起来"を中心とした日本語への対応』, 北京大学出版社。

山崎恵 1995.「開始の局面を取り立てる局面動詞について ―「～始める」「～出す」の用法比較 ―」,『阪田雪子先生古稀記念論文集　日本語と日本語教育』, 三省堂。

[中国語]

陈若君 1997.〈"V＋进＋O$_{处}$"格式考察〉,《汉语速成教学研究》第 1 辑, 北京大学出版社。

陈若君 1999.〈与"V＋进(来／去) ＋O"格式相关的句法语义问题〉,《语言研究论丛》第 8 辑, 南开大学出版社。

戴耀晶 1997.《现代汉语时体系统研究》, 浙江教育出版社。

丁永寿编著／译 2010.《对外汉语教学参考》, 北京语言大学出版社。

董淑慧 2012.《认知视野下的对外汉语语法教学 ― 以"趋向动词语法化"为例》, 南开大学出版社。

范继淹 1963.〈动词和趋向性后置成分的结构分析〉,《中国语文》第 2 期。

范晓 2009.〈第六章"V 上"句〉,《汉语句子的多角度研究》, 商务印书馆（pp.129 − 151）。

房玉清 1992a.《实用汉语语法》, 北京语言学院出版社（1996）。

房玉清 1992b.〈"起来"的分布和语义特征〉,《世界汉语教学》第 1 期。

傅源 1999.〈浅析趋向补语"下"的语义源流〉,《对外汉语教研论丛》, 华东师范大学出版社。

高桥弥守彦 1992.〈是用"上"还是用"里"〉,《语言教学与研究》第 2 期。

高桥弥守彦 2004.〈论动补短语"走进来"〉,《第七届国际汉语教学讨论会论文选》, 北京大学出版社。

关键 2000.〈补语"下(来／去)""下来""下去"的意义和用法〉,《汉语言文化研究》第 7 辑, 谢文庆・孙晖主编, 天津人民出版社。

贺国伟 1995.〈动词后"起来"的非趋向用法〉,《动词研究》胡裕树·范晓主编,河南大学出版社(pp.110 – 118)。
胡晓慧 2012.《汉语趋向动词语法化问题研究》,广西师范大学出版社。
靳卫卫 1997.〈汉语的"V+起·来$_{j→d}$"与日语的"～シハジメル"〉,《汉语速成教学研究》第 1 辑,北京大学出版社。
柯理思(Christine Lamarre)2003.〈汉语空间位移事件的语言表达 — 兼论述趋式的几个问题〉,『現代中國語研究』第 5 期,朋友書店。
柯理思(Christine Lamarre)2005.〈讨论一个非典型的述趋式:"走去"类组合〉,《语法化与语法研究》(2),商务印书馆。
李思旭·于辉荣 2012.〈从共时语法化看"V 上"与"V 下"不对称的实质〉,《语言教学与研究》第 2 期。
李燕 2012.《现代汉语趋向补语范畴研究》,南开大学出版社。
李永 2010.〈"V 上 N 了"歧义格式的句法分化及功能差异〉,《语法研究和探索》(15),商务印书馆。
刘广和 1999.〈说"上$_2$、下$_2$……起来$_2$"— 兼谈趋向补语、动趋式〉,《汉语学习》第 2 期。
刘月华 1987.〈表示状态意义的"起来"与"下来"之比较〉,《世界汉语教学》预刊 1。
刘月华 1988a.〈趋向补语的语法意义〉,《语法研究和探索》(4),北京大学出版社。
刘月华 1988b.〈几组意义相关的趋向补语语义分析〉,《语言研究》第 1 期。
刘月华等 1983.《实用现代汉语语法》,外语教学与研究出版社(1986)。
刘月华等 2001.《实用现代汉语语法》(增订本),商务印书馆。
刘月华主编 1998.《趋向补语通释》,北京语言文化大学出版社。
卢英顺 2002.〈"下去"句法、语义特点探析〉,《语法研究和探索》(11),商务印书馆。
卢英顺 2006.〈"下来"的句法、语义特点探析〉,《宁夏大学学报》(人文社会科学版)第 28 卷 第 5 期(总第 136 期)。
卢英顺 2007.〈"进"类趋向动词的句法、语义特点探析〉,《语言教学与研究》第 1 期。
陆俭明 1989.〈"V 来了"试析〉,《陆俭明自选集》,河南教育出版社(1993)。
陆庆和 2006.《实用对外汉语教学语法》,北京大学出版社。
陆庆和·黄兴主编 2009.《汉语水平步步高 句子成分》,苏州大学出版社。
吕叔湘主编 1980.《现代汉语八百词》,商务印书馆(1991)。
吕叔湘主编 1999.《现代汉语八百词》(增订本),商务印书馆。

马庆株 1997．〈"V 来／去"与现代汉语动词的主观范畴〉,《第五届国际汉语教学讨论会论文选》,北京大学出版社。

孟琮 1987．〈动趋式语义举例〉,《句型和动词》,语文出版社。

孟艳华 2013．〈"V＋出＋X"构式的认知基础与语用意义〉,『中国語文法研究』2013年卷（通卷 第2期）,朋友書店。

邱广君 1982．〈与"〔动词＋'出'〕＋宾语"有关的几个问题〉,《语言学论丛》第9辑,商务印书馆。

邱广君 1995．〈谈"V 上"所在句式中的"上"意义〉,《汉语学习》第4期。

邱广君 1997a．〈谈"V 下＋宾语"中宾语的类、动词的类和"下"的意义〉,《语文研究》第4期。

邱广君 1997b．〈与"V 下＋宾语"有关的几个问题〉,《第五届国际汉语教学讨论会论文选》,北京大学出版社。

任鹰・于康 2007．〈从"V 上"和"V 下"的对立与非对立看语义扩展中的原型效应〉,《汉语学习》第4期。

杉村博文 1983b．〈试论趋向补语". 下"". 下来"". 下去"的引申用法〉,《语言教学与研究》第4期。

杉村博文 2007．〈基于汉外对比的教学语法〉,《汉语教学学刊》第3辑,北京大学出版社。

邵敬敏 2004．〈动宾组合中的制约与反制约关系 — 以"进 NP"结构分析为例〉,《暨南大学华文学院学报》第1期。

沈家煊 1999．《不对称和标记论》,江西教育出版社。

史锡尧 1993．〈动词后"上"、"下"的语义和语用〉,《汉语学习》第4期。

宋玉柱 1980．〈说"起来"及与之有关的一种句式〉,《语言教学与研究》第1期。

唐正大 2005．〈从独立动词到话题标记 —"起来"语法化模式的理据性〉,《语法化与语法研究》(2),商务印书馆。

王国栓 2005．《趋向问题研究》,华夏出版社。

王力 1943．《中国现代语法》(《王力文集》第二卷,山东教育出版社 (1985) 所载)。

吴洁敏 1984．〈谈谈非谓语动词"起来"〉,《语言教学与研究》第2期。

吴卸耀 2002．〈"进"与"出"的不对称性〉,《新世纪 新视野 — 华东地区对外汉语教学研究论文集》朱立元主编,山西人民出版社。

肖国政・邢福义 1984．〈同一语义指向的"动／趋来"〉,《现代汉语补语研究资料》,北京语言学院出版社 (1992)。

谢白羽・齐沪扬 2000．〈复合趋向补语"过来"和"过去"的语义分析〉,《面

临新世纪挑战的现代汉语语法研究》陆俭明主编,山东教育出版社。

辛承姬 2000.〈汉语趋向动词系统〉,《汉语学报》第 1 期(2000 年上卷),湖北教育出版社。

徐静茜 1981.〈"·起"和"·上"〉,《汉语学习》第 6 期。

杨德峰 2005.〈趋向补语"进来"和"进去"的对称与不对称〉,《汉语研究与应用》第 3 辑,中国社会科学出版社。

杨桦 1992.〈试论"V 出"结构及其句式〉,《天津师大学报》(社会科学版)第 2 期。

杨凯荣 2006.〈论趋向补语和宾语的位置〉,《汉语学报》第 2 期。

殷树林 2006.〈"NP(对象)+(状)+V+起来+AP"格式的句法构造〉,《语言科学》第 2 期。

于康 2006a.〈"V 上"中"上"的义项分类与语义扩展机制〉,『言語と文化』第 9 号,関西学院大学言語教育研究センター。

于康 2006b.〈"V 下"的语义扩展机制与结果义〉,『中国語の補語』,白帝社。

张国宪 2006.《现代汉语形容词功能与认知研究》,商务印书馆。

张燕春 1995.〈"V+上/下"中"上/下"的意义和 V 的类〉,《赣南师范学院学报》第 4 期。

张燕春 1996.〈"V+上/下"的语义、语法分析〉,『中国語研究』第 38 号,白帝社。

赵果 2006.〈"出"的意象图式分析〉,《认知语言学新视野》文旭·徐安泉主编,中国社会科学出版社。

周统权 2003.〈"上"与"下"不对称的认知研究〉,《语言科学》第 2 卷 第 1 期(总第 2 期)。

朱德熙 1982.《语法讲义》,商务印书馆(1997)。

[英　語]

Dewell, Robert B. 1994. Over again: Image-scheme transformations in semantic analysis. *Cognitive Linguistics* 5 (4), pp.351 – 380.

Lindner, S. 1982. What Goes Up Doesn't Necessarily Come Down: The Ins and Outs of Opposites. In *Papers from the Eighteenth Regional Meeting, Chicago Linguistic Society*. Chicago Linguistic Society, pp.305 – 323.

Otani, Naoki 2006. "The Conceptual Basis of the Particles *Up* and *Down* in English: Asymmetries in the Vertical Axis". 『言語科学論集』第 12 号, 京都大学大学院 人間·環境学研究科 言語科学講座。

初出一覧

　各章における議論はそれぞれ以下の既刊論文に依拠するものの、今回まとめるにあたり全体を見直し、内容に大幅な加筆、修正を施した。

第1章
「「開始」を表す中国語の動補構造"V上"について」,『日中言語対照研究論集』第15号, 日中対照言語学会（白帝社）, pp.123 – 139, 2013年5月。

第2章
「方向補語"下(来／去)"の派生的用法について ―「量」の概念との関連から ―」,『言語文化論集』第35巻 第2号, 名古屋大学大学院国際言語文化研究科, pp.83 – 97, 2014年3月。

第3章
「中国語の動補構造"V 进(来／去)"について」,『日中言語対照研究論集』第11号, 日中対照言語学会（白帝社）, pp.1 – 15, 2009年5月。

第4章
「中国語の方向補語"出(来／去)"の表す意味」,『日中言語対照研究論集』第12号, 日中対照言語学会（白帝社）, pp.91 – 106, 2010年5月。

第5章
「「他動詞＋"回(来／去)"」の形に反映された方向義 ―「取り戻す」「押し返す」意味を中心に ―」,『名古屋大学　中国語学文学論集』第23輯, 今鷹眞先生喜壽記念号, 名古屋大学中国語学文学会, pp.25 – 34, 2011年12月。

第6章
「中国語の動補構造"V 回(来／去)"について」,『日中言語対照研究論集』第14号, 日中対照言語学会（白帝社）, pp.167 – 180, 2012年5月。

第 7 章
「"过"の表す移動義について」,『現代中国語研究』第 8 期, 朋友書店, pp.40 - 51, 2006 年 10 月。

第 8 章
「中国語における「開始義」について ― 方向補語"起来"の用法を中心に ―」,『言語文化論集』第 29 巻 第 2 号, 名古屋大学大学院国際言語文化研究科, pp.347 - 360, 2008 年 3 月。

第 9 章
「現代中国語の補語"起来"について」,『日中言語対照研究論集』第 10 号, 日中対照言語学会(白帝社), pp.31 - 43, 2008 年 5 月。

第 10 章
「方向補語"开/开来/开去"について」,『日中言語対照研究論集』第 8 号, 日中対照言語学会(白帝社), pp.46 - 61, 2006 年 5 月。

第 11 章
「中国語の方向補語について ― 日本人学習者にとって分かりにくい点」,『言語文化論集』第 32 巻 第 2 号, 名古屋大学大学院国際言語文化研究科, pp.77 - 89, 2011 年 3 月。

著者略歴

丸尾　誠（まるお　まこと）

1968年宮崎県生まれ。東京外国語大学外国語学部中国語学科卒業。同大学院地域文化研究科（博士前期課程）を修了後、1995～1997年に中国の遼寧大学に留学。現在、名古屋大学大学院国際言語文化研究科准教授。専門は現代中国語文法。博士（文学）。主な著書：『現代中国語の空間移動表現に関する研究』（白帝社）、『基礎から発展まで　よくわかる中国語文法』（アスク出版）、『中検3級・2級をめざす　読んで覚える中国語単語』（共著、白水社）など。2011年10月～2012年3月、NHKラジオ講座「まいにち中国語」応用編講師を担当。

現代中国語方向補語の研究

2014年11月5日　初版印刷
2014年11月10日　初版発行

著　者　丸尾　誠
発行者　佐藤康夫
発行所　白帝社

〒171-0014 東京都豊島区池袋2-65-1
電話 03-3986-3271　FAX 03-3986-3272
http://www.hakuteisha.co.jp/

組版・印刷　倉敷印刷㈱　製本　カナメブックス

©Maruo Makoto 2014 Printed in Japan　6914　ISBN978-4-86398-167-6
造本には十分注意しておりますが落丁乱丁の際はおとりかえいたします。

好評既刊

現代中国語の空間移動表現に関する研究
丸尾 誠 著

□ A5判・上製カバー装・280頁／定価［本体4600円＋税］
ISBN 978-4-89174-758-9　C3087

■現代中国語の移動動詞を中核として構成される空間移動表現の諸相について考察する。
■移動事象に関わる各種統語形式の分析を通して、空間移動に対する発話者の認識が中国語という言語の語彙・文法体系の中に如何に反映されているのかということの解明を目指す。
■目次から
序章　研究の目的と構成／第1章　中国語の移動動詞について―日本語・英語との比較という観点から／第2章　場所表現について―移動義と方位詞の関連／第3章　"VL"形式と"V到L"形式／第4章　"V＋到＋L"形式と"V＋在＋L"形式／第5章　"在＋L＋V"形式と"V＋在＋L"形式／第6章　"从／在＋L＋VP"形式（1）―主体の移動を表す場合／第7章　"从／在＋L＋VP"形式（2）―ｖ対象の移動を表す場合／第8章　"去＋VP"形式と"VP＋去"形式／第9章　"V来"形式にみられる「動作義」と「移動義」／第10章　複合方向補語における"来／去"について－出現義・消失義という観点から／第11章　方向補語"来／去"の表す意味について／第12章　結語

白帝社